BVT

Es ist Sommer, wir fahren ans Meer. Wir packen unseren Koffer und nehmen mit: eine komplizierte Freundin, heimliche Gelüste, große Erwartungen, die neue Badehose und divergierende Lebensentwürfe.

Es ist Sommer, wir machen einen Ausflug. Wir packen unsere Tasche und nehmen mit: eine Frau zu viel, heimtückische Unwetter, ein Überraschungspicknick und Stimmungsschwankungen.

Es ist Sommer, wir bleiben in der großen Stadt. Wir werden nicht los: die unerträgliche Hitze, unsere Vergangenheit, Herzrasen, die Ansprüche anderer, Herzschmerz.

Es ist Sommer, 36 Grad, und es wird noch heißer. 16 Geschichten berichten von der Einwirkung direkter Sonneneinstrahlung auf das Denkvermögen.

EISZEIT
Sommergeschichten

Herausgegeben
von Anvar Cukoski

Berliner Taschenbuch Verlag

Der Textbeitrag von Jörg Albrecht ist auf Wunsch des Autors in alter Rechtschreibung abgedruckt.

FSC
Mix
Produktgruppe aus vorbildlich bewirtschafteten Wäldern und anderen kontrollierten Herkünften

Zert.-Nr. GFA-COC-1223
www.fsc.org

Deutsche Erstausgabe
Mai 2010
BvT Berliner Taschenbuch Verlags GmbH, Berlin

Umschlaggestaltung: Rothfos & Gabler, Hamburg,
unter Verwendung einer Fotografie von © Getty Images
Druck und Bindung: CPI – Clausen & Bosse, Leck
Printed in Germany
ISBN 978-3-8333-0676-1

www.berlinverlage.de

Inhalt

Thomas Klupp

Playa de las Sirenas

Die Nackte ist wieder da. Sie steht unten am Wasser, den Kopf in den Nacken gelegt, und knotet ihr dunkles Haar mit einem roten Tuch zusammen. Simon beobachtet sie schon eine Weile, schon seit sie den schmalen Klippenweg heruntergekommen ist und ihre Küsse verteilt hat, an Fernando, Maria und die anderen aus der *Trafalgar*-Bar. Die Nackte küsst zur Begrüßung auf den Mund, Frauen wie Männer, Küsse wie für ein Filmplakat.

Mira beobachtet sie ebenfalls, er sieht es, ohne den Kopf zu heben. Sie liegt neben ihm auf dem Bauch, die Ellenbogen in den Sand gestützt, und hält ihr Buch in der Hand. Seit Minuten hat sie nicht umgeblättert, *4500 Mal Windeln wechseln!* steht fett gedruckt auf der linken Seite, *Große Verantwortung und große Freude* kann er noch entziffern, dann verschwimmen die Buchstaben. Er schließt die Augen und denkt an Jonathan, sieht ihn durch den Park der Clubanlage krabbeln, vielleicht machte er sogar schon die ersten eigenen Schritte, Miras Mutter glaubt, bald ist es so weit. Er nimmt sich vor, sie beim Abendessen darauf anzusprechen, ihr und Rolf auch noch einmal für die freien Nachmittage zu danken, hört plötzlich Miras Stimme, leise, wie an sich selbst gewandt. Chica, murmelt sie, das ist jetzt aber nicht dein Ernst.

Ohne sich zu bewegen, schlägt er die Augen wieder auf, sieht den Rücken der Nackten, ihre Arme in gerader Linie dem Himmel entgegengestreckt. Dann beugt sie langsam die Knie und den Oberkörper, drückt ihre Hände flach in den feuchten Sand. Ihr Hintern wölbt sich seinen Pupillen entgegen, eine Ahnung von Rosa zwischen den Schenkeln, dunkler hinter den Gläsern seiner Ray Ban. Er stellt sich vor, wie sie mit Kind aussähe, ein Kind in diesem Paradekörper, keine Chance. Langsam schiebt sie ein Bein nach hinten, streckt es, die Schamlippen zeichnen sich scharf vor dem Blau des Atlantiks ab. Edelpussy, denkt er, Luxusstute, die Wörter blinken wie Leuchtschriften auf seiner Netzhaut, während die Nackte Position um Position den Sonnengruß gibt.

Mit einem Gähnen richtet er sich auf und nimmt die Sonnenbrille ab. Reibt sich die Augen, so als wäre er gerade aufgewacht. Was geht denn mit der ab, sagt er zu Mira, den Kopf in Richtung der Nackten gewandt. Frag doch nicht so blöd, sagt sie, ohne ihn anzusehen. Ihr Unterkiefer ist nach vorne geschoben, eine Falte steht zwischen ihren Augenbrauen. Mit ihrem Strohhut wirkt sie wie für Fasching verkleidet, er möchte sie schütteln, ihr den Hut vom Kopf schlagen, wenigstens das. Mira, sagt er stattdessen, hör auf zu glotzen, du siehst schwachsinnig aus. Als Mira nicht reagiert, lässt er sich wieder auf das Handtuch fallen, den Kopf nach rechts gedreht, so dass er die Nackte zwischen den halb geschlossenen Lidern im Blickfeld hat.

Der Name war nicht seine Idee, Mira hat ihn sich ausgedacht, sie hat sie auch zuerst gesehen. Er weiß nicht mehr genau, wann das war, wann die Nackte ihren ersten Auftritt hatte, vielleicht vor fünf Tagen, vielleicht vor sechs. Wie jeden Nachmittag hatten sie Jonathan bei Miras Eltern im Club gelassen, waren entlang der Dorfstraße bis zu den Klippen gelaufen, am *Trafalgar* vorbei hinunter zum Strand. Er hatte gerade sein Handtuch ausgebreitet, da legte Mira ihm eine Hand auf den Arm und sagte: Jetzt passiert mal was. Er sah sie sofort. Sie stand bei Fernando, zog sich das Kleid über den Kopf und bog den Rücken durch. Über ihr auf den Felsen vier Wörter, *Playa de las Sirenas*, von Hippies bunt auf das Gestein gepinselt, eine Szene wie aus einem Erotikfilm. Dann wanderte ihr Blick über den Strand, senkte sich auf die wenigen in der Bucht liegenden Körper, glitt langsam weiter. Was soll da passieren, sagte er mit Verzögerung, da zieht sich eine aus und später wieder an, das betrifft uns zu null Prozent. Mira sah ihn spöttisch an, zog dann plötzlich die Schultern ein. Für die Figur, sagte sie, würd' ich drei Monate hungern, mindestens. Ihre Stimme klang müde, reizte ihn. Dann tu's doch, hätte er beinahe erwidert, biss sich im letzten Moment auf die Zunge. Seit der Schwangerschaft und der nicht wieder verlorenen Pfunde war Mira unberechenbar, wenn die Sprache auf ihren Körper kam.

Später geht die Nackte schwimmen, Simon wendet den Blick von ihr ab. Er streift sein T-Shirt über, fragt Mira nach Münzen, läuft dann den Weg hoch zur Bar. Miguel steht hinter dem Tresen und grinst ihn verschlafen an. Todo bien, amigo, sagt er, Simon nickt. Er hat mit den Jungs ein paarmal gekickert, seitdem ist er hier gern gesehen. Er nimmt eine Flasche Wasser aus dem Kühlregal und setzt sich draußen unter einen der Sonnenschirme, wendet dem Meer den Rücken zu. Bis zum Horizont erstrecken sich Pinienwälder, zu seiner Rechten, tiefer gelegen, das Dorf: eine Ansammlung flacher, weiß getünchter Häuser, durchkreuzt von zwei staubigen Straßen, am Ortsausgang das Clubgelände. Dasselbe Panorama wie gestern, wie vorgestern, wie jeden Tag. Er trinkt einen Schluck Wasser, schüttet sich ein wenig davon in den Nacken. Die Flüssigkeit rinnt den Rücken hinunter, angenehm kühl auf der Haut. Er hat das Bedürfnis nachzudenken; ja, aber über was eigentlich? Über Mira und den Film, den sie wegen der Nackten schob? Über seinen eigenen Film, den er wegen der Nackten schob? Über den Film, den er und Mira schoben? Über Jonathan? Er weiß es nicht. Weiß nur, dass er seine Blicke kaum mehr unter Kontrolle hat, sobald die Nackte unten am Strand auftaucht. Fragt sich, weshalb sie so eine Macht über ihn hat. Vielleicht die zwei Wochen in der Clubanlage. Vielleicht brauchte er noch etwas anderes jenseits von Frühstücksbuffets, Minigolf und gewechselten Windeln, jenseits von All-inclusive-Schwiegereltern-Cluburlaub. Wie auch immer. Er musste es jedenfalls ruhiger angehen, ein paarmal weniger gucken, sonst kam ihm Mira auf die Spur. Vermutlich hatte sie es sowieso schon gerafft. Vielleicht auch deshalb war sie so schlecht auf die Nackte zu sprechen. Nicht nur, weil ihr Körper sie daran erinnerte, wie man als Frau im Idealfall aussehen konnte. Vielleicht auch, weil sie merkte, dass da irgendeine krude Geschichte am Laufen war. Eine ziemlich krude Geschichte, denkt er und blinzelt in die Sonne hinein. Relax, man, relax.

Als er wieder an den Strand kommt, liegt Mira nicht mehr auf ihrem Handtuch. Er entdeckt sie weit draußen im Wasser, auch die Nackte schwimmt noch im Meer. Er folgt ihr eine Weile mit den Blicken, dann nimmt er Miras Buch zur Hand. Vom Cover lacht ihm ein Säugling entgegen, blonder Haarschopf, große blaue Augen, darunter steht: *Mami werden! Das schönste Abenteuer im Leben der Frau.* Er blättert in dem Buch herum, findet auch ein Kapitel über Männer: *Der Papi-Check.* Er liest ein paar Zeilen und muss grinsen, fragt sich trotzdem, ob er ein *positives Verhältnis* zu seinem Sohn hat, ob er ein *aktiver, liebevoller Vater* ist, ob er in den nächsten Jahren eine *vertrauensvolle Bindung* zu Jonathan aufbauen wird. Fragen, die er gerne bejahen würde, Fragen, auf die er noch keine wirkliche Antwort hat. Jonathan ist kaum elf Monate alt, er hofft auf die ersten Schritte, vor allem auf die ersten Wörter, bestimmt kam das *Verhältnis* danach erst so richtig in Schwung.

Als er umblättern will, fällt ein Schatten auf die Seiten, er spürt, wie Wasser auf seinen Rücken tropft und die Mulde zwischen den Schulterblättern hinabläuft. Er klammert die Finger fester um den Buchrücken, Mira, möchte er schreien, lass deine blöden Scherze. Mühsam beherrscht er sich, wendet den Kopf und blinzelt nach oben – der Nackten ins Gesicht. In feuchten Strähnen fällt ihr das Haar über dir Schultern, Tropfen perlen davon ab, treffen jetzt Simons Brust. Sie hält eine Zigarette zwischen den Fingern und fragt nach Feuer. Er sieht Fernando drüben rauchen, hat den süßlichen Haschischgeruch auf einmal viel zu deutlich in der Nase, hört irgendwo Hunde bellen, ganz leise auch das Rauschen der Brandung. Zwischen den Schenkeln der Nackten hindurch sieht er Miras Kopf im Wasser, ein fingernagelgroßer, sehr heller Punkt zwischen zwei Schattierungen von Blau.

Eilig streckt er sich nach ihrer Tasche und sucht nach Streichhölzern, findet sie nicht gleich, hat plötzlich Angst, die Nackte könnte wieder verschwinden, ohne dass er ihr Feuer gegeben hat. Bleib da, denkt er, bleib da. Er packt Miras Tasche mit beiden Händen, kippt den Inhalt aus, Münzen, Stifte und Haarklammern landen im Sand. Dann entdeckt er das Streichholzheftchen und gibt ihr Feuer. Die Nackte lässt sich auf Miras Handtuch fallen, raucht in knappen Zügen, sagt: So tell me, what are you doing tonight? Er sieht sich mit Miras Eltern im Clubrestaurant sitzen und Jonathan füttern, hat Rolfs Lachen dabei unangenehm laut im Ohr. Nothing special, sagt er, really, nothing special at all. Bueno, sagt die Nackte, then you come to my party tonight, here on the playa. Yes, sagt er, yes of course, thank you so much. Die Nackte winkt lachend ab, erzählt etwas von einem Boot, das aus Tarifa kommen wird, von irgendeinem DJ, dessen Namen ihm nicht das Geringste sagt. Dann drückt sie ihre Zigarette im Sand aus und steht auf. See you tonight, sagt sie und geht zu ihrem Platz zurück, zu Fernando, der Simon mit dem Joint winkt und etwas herüberruft. Simon winkt zurück und sieht in Richtung des Wassers, Mira schon in Ufernähe. Hastig packt er ihre Sachen zusammen, stopft sie in die Tasche zurück, dann greift er nach ihrem Handtuch und läuft ihr entgegen. Was hat die gewollt, fragt Mira, als er ihr das Handtuch hinhält, ihre Arme vor der Brust verschränkt. Feuer, sagt er schnell, die hat Feuer für ihre Zigarette gewollt. Er formuliert die Worte, ohne nachzudenken, lügt ohne Plan. Wie schön für dich, sagt Mira, hast du auch einen Kuss gekriegt? Werd nicht albern, sagt er und wirft ihr das Handtuch ins Gesicht, mach hin, wir müssen los.

Abends, nach dem Essen im Clubrestaurant, sitzen sie auf der Terrasse vor den Bungalows. Vom Pool weht Musik herüber, gezupfte Gitarrenklänge, irgendwo drehen sich Wassersprenkler, die Luft ist warm und riecht nach Salz und Tang. Auf dem Tisch stehen eine Flasche Rotwein und drei halbvolle Gläser, Mira hält eine Tasse Pfefferminztee in der Hand. Sie stillt Jonathan, Simon krault ihr den Nacken, spürt die Wärme ihrer Haut unter seinen Fingerkuppen. Rolf und Ingrid sitzen ihnen gegenüber und erzählen von ihrem Ausflug nach Gibraltar zum Affenfelsen. Ingrid sagt: Johnny hat gar keine Angst vor den Affen gehabt. Rolf beugt sich auf seinem Stuhl nach vorne, kratzt sich mit beiden Händen unter den Achseln, stößt Affenlaute aus. Er bringt es ziemlich überzeugend, der Vollbart verstärkt den Effekt. Jonathan hört zu saugen auf, sieht ihn mit großen Augen an. Sooo große Affen, sagt Ingrid und wedelt mit den Armen herum, sooo große Affen. Jonathan beginnt zu strahlen, auch Simon zieht seine Mundwinkel zu einem Lächeln auseinander, denkt dabei an die Nackte, an die Party unten am Strand. Seit einer gefühlten Ewigkeit tut er das schon. Er sieht eine Segelyacht in der Bucht ankern, die Nackte an Deck in einem roten Kleid. Sie tanzt zu Elektromusik, wiegt sich in den Hüften, er tanzt hinter ihr, presst seinen Schwanz gegen ihren Arsch. Bilder, scharf wie Fotografien, auf seine innere Leinwand projiziert. Einen Moment lang überlegt er, Mira doch noch von dem Fest zu erzählen, verwirft die Idee sofort. Nach der Lüge am Strand jetzt mit der Wahrheit anzukommen, no way, no way at all.

Als Rolf ihm Wein nachschenken will, wehrt er ab, murmelt etwas von einem schweren Kopf. Ein weiteres Glas würde eine weitere Viertelstunde auf der Terrasse bedeuten, das muss nicht sein. Er hat nichts gegen Miras Vater, im Gegenteil. Abgesehen von dem Bart und seinem absurden Ehrgeiz beim Minigolf findet er ihn okay. Miras Mutter sogar richtig gut. Nicht nur, weil er ihr die ersten ruhigen Nächte seit langem verdankt. Sie nimmt Jonathan jede Nacht zu sich ins Bett, duldet keinen Widerspruch. Weder von ihm noch von Mira, schon gar nicht von ihrem Mann. Nicht nur deshalb mag er sie, sie ist insgesamt eine entspannte Person, eine ziemlich attraktive Frau außerdem. Dennoch: in den letzten zwei Wochen hat er Miras Eltern zu oft gesehen. Sie durch die dünne Zwischenwand der Bungalows sogar beim Sex gehört. So viel Gemeinschaft war eindeutig zu viel.

Miras Stimme reißt ihn aus seinen Gedanken. Sie hält ihm Jonathan entgegen und sagt mit zuckersüßem Lächeln: Einmal abputzen bitte. Er nimmt ihn ihr ab. Kleiner Hosenscheißer, sagt Rolf und macht noch einmal den Affen, unter seinem Geschrei läuft Simon mit Jonathan in den Bungalow hinein. Im Bad legt er ihn auf die Wickelauflage und zieht ihm die Windel aus. Die Scheiße ist hellbraun, breiig und riecht nur schwach. Gesunde Scheiße, auch keine wunden Stellen im Genitalbereich, so muss das sein. Durch das gekippte Fenster hört er die Stimmen der Frauen, was sie sagen, ist nicht zu verstehen. Er putzt Jonathan sorgfältig ab, flüstert ihm dabei zu: Der Papi möchte so gern die Pussy der Nackten lecken, aber die Mami und die Oma, die wollen das nicht. Dann kitzelt er seinen Sohn unter den Armen, der jauchzt.

Während Jonathans Hintern trocknet, wäscht er sich die Hände, kramt in Ingrids Necessaire nach der Nivea-Creme, hält plötzlich eine Packung *Halcion* in der Hand. Eine schmale weiße Packung mit grünem Aufdruck, Schlaftabletten, recht starke, soweit er weiß. Mira hat in der Prüfungszeit dieselben benutzt, eine halbe nur, sie schlief wie ein Stein. Er dreht die Packung in den Händen hin und her, ist plötzlich hellwach. Jonathan, flüstert er, mein lieber Jonathan. Er schließt die Badezimmertür und dreht den Schlüssel um. Zieht die Tabletten aus der Packung, drückt eine aus der Folie heraus, faltet den Beipackzettel auseinander, findet die Passage rasch. *Halcion darf in der Stillzeit nicht eingenommen werden, da es in die Muttermilch übergeht.* Er sieht Jonathan an, verzieht den Mund. Scheiße, sagt er, legt die Tablette auf die Ablage unter dem Spiegel, zerdrückt sie mit dem Knauf von Rolfs Rasierpinsel in kleine Stücke, die Stücke zu Pulver. Ein weißes Häufchen bleibt zurück, wäre es Koks, es wären kaum zwei Lines. Er streicht das Pulver von der Ablage in ein Kosmetiktuch, verknotet es und steckt es in die Hosentasche. Er fragt sich, ob er die Sache wirklich durchziehen wird. Er weiß es nicht, bei Gott, er weiß es nicht.

Ein paar Minuten später weiß er es doch. Jonathan sitzt frisch gewickelt auf Miras Schoß und greift mit seinen Händen in der Luft herum, brabbelt dabei ohne Unterlass, irgendetwas beschäftigt ihn. Simon streichelt ihm über den Kopf, hört sich plötzlich fragen: Möchte jemand heiße Schokolade? Die Antwort darauf kennt er bereits. Jeden Abend eine Tasse heiße Schokolade vor dem Schlafengehen, Familientradition. Er wehrt Ingrids Hilfe erfolgreich ab, geht wieder in den Bungalow, stellt einen Topf Milch auf den Herd. Als die Milch zu dampfen beginnt, verteilt er sie gleichmäßig auf vier Tassen, gibt je zwei Löffel Kakaopulver hinein, Mira bekommt einen mehr. Er kippt den Inhalt des Tüchleins dazu, verrührt das Ganze mit dem Löffel, hofft, dass die Süße den *Halcion*-Geschmack überdeckt. Falls es so etwas wie einen *Halcion*-Geschmack gibt, er hätte das Pulver vorhin mit der Zunge testen sollen, wie dumm von ihm. Aber nicht zu ändern jetzt. Er schiebt zwei Finger durch die Tassenhenkel, nimmt Ingrids und Rolfs Tassen in die rechte, Miras und seine in die linke Hand. Als er sich auf den Weg nach draußen macht, erhebt sich plötzlich Geschrei auf der Terrasse. Mira, Rolf und Ingrid, sie alle rufen durcheinander, er versteht kein Wort. Hinter seiner Stirn baut sich Druck auf, ein Kribbeln unter der Schädeldecke, sie können ihn nicht gesehen haben, keine Chance. Was ist denn mit euch los, ruft er in Richtung der geöffneten Tür, bleibt wie festgewachsen stehen. Komm raus, ruft Mira mit lauter Stimme, komm schnell raus. Noch einmal, ruft Rolf, noch einmal; was zum Teufel war bloß los? Mit den Tassen in der Hand kommt er auf die Terrasse, sooo groß, sagt Ingrid und wedelt mit den Händen in der Luft herum, wer ist sooo groß? Jonathan strahlt über das ganze Gesicht, lacht, dann streckt er einen Arm aus und deutet ungefähr dahin, wo Simon jetzt steht. Affa, sagt er. Und noch einmal, klar und deutlich, mit quietschfideler Stimme: Affa. Das erste Wort deines Sohnes, sagt Mira, kein Wunder bei dem Vater. Sie strahlt mit Jonathan um die Wette, strahlt Simon ihr schönstes Lächeln entgegen, die Sonne geht auf, mitten in ihrem Gesicht. Noch immer hält er die Tassen in den Händen, noch immer der Druck hinter der Stirn, jetzt aber auch hinter den Augen, echte Tränen, er glaubt es kaum. Affa, sagt er leise und sieht seinem Sohn ins Gesicht, lockert dabei den Griff der linken Hand. Die Finger gleiten aus den Henkeln, das, denkt er, müsste man jetzt in Zeitlupe sehen: den freien Fall des Porzellans, von der Schwerkraft hinunter zur Erde gezogen, die sich in der Luft verteilende Flüssigkeit, die Mikrospuren seines Verrats. Einen Wimpernschlag lang noch denkt er an die Nackte, spürt ein schwaches Bedauern, dann klirrt es am Boden und er schließt seinen Sohn in die Arme.

Anne-Kathrin Heier

Ein fernes Läuten

Die Frau in der grünen Schürze hat mich verstanden. Sie nickt und fragt nach meinem Namen, sie will ihn auf den Becher aus Pappe schreiben. Ich sage, Laura. Ich spreche das Amerikanisch aus. Laura. Es klingt nach einer Süßigkeit. Es klingt nach einer Rolle. Die Zunge rollt über sich selbst. Laura. Der Inder mit der schwarzen Mütze, der mir den Kaffee überreicht, spricht es genauso aus. An der Backsteinwand hängt ein riesiger Eiskaffee, aus den Eiswürfeln schiebt sich ein Strohhalm, der in einer Sprechblase endet, darin steht, dass die Sommersaison verlängert wurde. Über mir kreisen die Ventilatoren. Ich sehe aus dem Fenster und berühre mit den Lippen das weiße Plastik. Ich mag diese Deckel nicht, aber es gibt Tage, da nehme ich alles entgegen.

Neben mir sitzt eine Gruppe auffällig geschminkter Mädchen, sie sprechen über Tyra Banks. Eines von ihnen reißt die Augen auf und kreischt, alle anderen kreischen mit. Sie springen auf, springen raus und proben vor dem Fenster den Catwalk, auf und ab. Ihre klumpigen Beine wirken auf einmal sehr lang. Sie öffnen alle gleichzeitig ihre Haare, die unterschiedlichen Brauntöne vermischen sich. Manche Strähnen sind unecht, ich höre, wie es raschelt, ich höre es durch das Fensterglas hindurch.

Ich bin von der Hester Street bis zur 23sten gelaufen, und ich weiß, dass er mich verfolgt hat und dass ihm keine meiner

Bewegungen entgangen ist. Er hat jede auf meinem Weg liegende Tür geöffnet, ist kurz nach mir oder kurz vor mir eingetreten, ständig lag ein Hauch seines Deos in meiner Nase, es war kaum zu ertragen, ich will diesen Geruch nicht beschreiben müssen. Ich will ihm sagen, dass er verschwinden soll. Immer wieder halte ich an, aber er lässt sich nicht blicken. Ich beschließe, mich ein letztes Mal umzudrehen, und renne gegen einen Ampelpfosten.

Ampeln wie diese habe ich hier nicht vermutet. Es gibt nur rot und weiß und gehen muss man sowieso. Ich habe eine Gruppe Kindergartenkinder bei der Verkehrserziehung beobachtet. Die sind von den Erwachsenen bei Rot über die Straße gejagt worden. Die Erzieher haben gesagt: Ihr müsst immer schnell sein. Und wenn das Auto auf euch zukommt, müsst ihr noch schneller sein. Sie haben gesagt, dass es wichtig ist, sich in Sicherheit zu bringen. Sich außer Lebensgefahr zu bringen. Ich wollte mich ihnen anschließen. Diese Kinder waren hübscher als die Kinder, die ich von zu Hause kenne, sahen aus wie Schneekugeln.

Überall steht »Exit«. Als ich ihn zum ersten Mal getroffen habe, hat er mir den Ausgang gezeigt. Dabei hatte ich überhaupt nicht nach dem Ausgang gefragt. Irgendwoher war diese Hand gekommen, die hatte sich angefühlt, als wäre sie aus Leder oder aus etwas noch Kälterem, Kunststoff oder Eisen. Keine gewöhnliche Haut jedenfalls. Wenn sich in dem Moment, als ich über das Material seiner Hände nachgedacht habe, ein Spiegel vor meine Augen geschoben hätte, hätte ich mich nicht wiedererkannt.

Ich habe in meinem Leben schon vier Augen ausgestochen, aber nicht paarweise. Meine Tante hatte mir den Trick gezeigt. Nimm dir den größten Schlüsselbart vom Schlüsselbund und ziele immer auf die Augen. Die bluten wie ein Schwein, sagte sie, aber das braucht dich nicht zu stören, du musst daran denken, wie es ausgehen könnte, wenn du es nicht tust. Einmal wurde ich erwischt und ins Gericht bestellt. Der Mann hatte behauptet, er habe mich nur nach dem Weg fragen wollen. Er war mit einer Augenbinde im Gerichtssaal erschienen, die Augenbinde hatte bewirkt, dass ich lächeln musste. Mein Anwalt hatte mir geraten, ich solle meine Tat bereuen, aber weil ich lächeln musste, glaubte mir niemand die gespielte Reue, da war ich noch ein halbes Kind.

Ich hatte mich auf die Kälteeinbrüche, die im Reiseführer unter »General Information« angekündigt werden, gefreut, aber es wird immer wärmer. Letztes Jahr zu dieser Zeit hatte es geschneit, und nun räumen die Leute ihre frisch gekauften Winterjacken in den Schrank und wedeln sich mit ihrer Zeitung Luft ins Gesicht.

Er sitzt schon wieder im selben Raum. Er sieht aus dem Fenster, nippt an seinem Kaffee, liest in einem Buch, aber ich weiß genau, dass er all das nur vorgibt. In Wirklichkeit beobachtet er mich die ganze Zeit. Er will mich an einer Ecke abfangen. Er will mich mitnehmen und mit mir sprechen, erst einmal nur mit mir sprechen, und ich habe Antworten zu geben, sonst sieht es auf einmal ganz schlecht für mich aus.

Die Schlüssel hier taugen nichts. Die Schlüssel hier sehen aus wie Kreditkarten, damit lassen sich doch keine Augen ausstechen. Ich sollte umziehen und mir ein richtiges Hotelzimmer nehmen, ein traditionelles in Chelsea, in dem man für jede Kakerlake zehn Dollar extra zahlt. Hauptsache, ich habe wieder echte Schlüssel oder wenigstens einen, um ihn, wenn es hart auf hart kommt, wie ein Schwein abzustechen.

Die Bürger haben für die außerordentliche Öffnung der Freibäder Unterschriften gesammelt. Ein Vertrauter aus der Heimat teilt mir ab und zu mit, ob nach mir gefragt wird. Er schreibt, dass auf der ersten Seite der BILD-Zeitung der amerikanische Präsident in einen Pool springt. Von einem Hitzewinter sprechen sie, so warm sei es zuvor noch nie gewesen. Die Naturschützer rufen auf zur Mülltrennung und zum Sparen von Wasser und Strom, um mit vereinten Kräften gegen die Erderwärmung anzukämpfen. Die Stadt fürchtet den ausbleibenden Weihnachtstourismus. Der ganze Schmuck, die ganzen Lichter, die wirken nun einmal nur gegen Schneeweiß. Ohne Schneeweiß sind es doch nur ein paar Lichter mehr.

Hier: Nackte behaarte Männerhaut mündet in Plastiklatschen mit neongelben Riemchen, die vom Weihnachtsstern beleuchtet werden, das Ganze wirft kunstvolle Technostreifen auf die Hauswände.

Er wartet ab, bis viele Leute da sind, und dann kommt er an meinen Tisch und fragt, ob er sich vorstellen dürfe. Ich reagiere nicht, er stellt sich trotzdem vor, obwohl er das natürlich nicht mehr müsste. Er schlägt ein Bein über das andere und teilt mir mit, wo ich heute gewesen bin. Er erzählt, dass er mir überallhin gefolgt und stolz darauf ist, dass ich ihn nicht bemerkt habe.

Inzwischen haben die jungen Männer ihre Hemden ausgezogen und präsentieren Oberkörper in allen Farben, von weiß bis dunkelbraun und am Abend auch rot, weil manche zu Verbrennungen neigen. Ich sitze ihm gegenüber an einem Tisch oberhalb des Flusses. Ein Kellner kommt und fragt ihn, ob er etwas möchte. Er ist sichtlich irritiert: Er glaubt fest daran, dass er für alle anderen unsichtbar ist. Ich muss über sein verdutztes Gesicht lachen, höre aber sofort damit auf, als er in mein Lachen einstimmt. Er lacht so laut, dass nun der Kellner irritiert ist und sich mit Runzeln auf der Stirn rückwärtsgehend fortbewegt.

Die Männer mit den nackten Oberkörpern treiben Sport an der Uferpromenade. Von hier aus sieht man alle drei Brücken. Die Wolken haben sich verzogen, damit die Sonne auf ihre

Haut niederbrennen kann. Auf die Erde fallen jetzt Schweißtropfen. Keine Schneeflocken. Ich konzentriere mich auf das hautfarbene Treiben und bemühe mich darum, ihn zu ignorieren.

Mein Aufbruch kommt zu überstürzt für ihn, er fällt beinahe vom Stuhl. Er packt seine Dinge zusammen und ist trotz meiner Eile schneller fertig als ich. Er steht schon an der Tür, als ich noch meterweit von ihr entfernt bin. Ich hetze über die Straßen, immer bei Rot. Er ist kein Schutzengel. Er ist zwar immer da, aber er lässt die Autos gnadenlos in mich hineinfahren, wenn ich nicht aufpasse. Er lächelt. Das ist das Einzige, was er kann: lächeln und schnell sein, ohne abgehetzt auszusehen. Ich merke, wie sich die kleinen Steinchen, aus denen sich der Asphalt zusammensetzt, durch meine Sohle bohren, und bin zum ersten Mal froh darüber, dass kein Wolkenbruch droht, das Gefühl von durchweichten Socken und Schuhen kenne ich zu gut. Ein Tourist steht dort am Fuße der Brücke. Ich bemühe mich um ein deftiges Amerikanisch, damit er nicht bemerkt, dass wir aus demselben Land kommen. Ich gebe ihm meine Sachen und bitte ihn, darauf aufzupassen, bis ich zurück bin. Ich lasse ihm nicht so viel Zeit, dass er sich weigern kann. Ich sehe ihm an, dass er einer von denen ist, die im ersten Moment alles entgegennehmen.

Auf der Brücke tummeln sich Touristen. Die fotografieren die umliegenden Brücken. Die fotografieren aufs Wasser hinunter und in den Himmel hinauf. Er aber ist nicht unter ihnen. Er hat Angst, weil die Brücke aus Brettern besteht, deren Zwischenräume einen Blick aufs Wasser zulassen, das hält er nicht aus.

Als ich nach Einbruch der Dunkelheit die Brücke verlasse, liegen meine Sachen alleingelassen auf dem staubigen Asphalt. Ein paar Meter weiter sitzt er auf einem Geländer. Ich weiß, dass er wütend auf mich ist, aber zeigen würde er das nie. Er öffnet den Mund, um mit mir zu sprechen. Sein Ton ist freundlich, aber ich kenne die versteckte Drohung; was mir blüht, wenn ich nicht antworte.

»Schön gewesen?«, fragt er.

»Ich habe ihnen alles von dir erzählt«, antworte ich.

Ihm macht das nichts aus. »Wir wollen einen Happen essen gehen«, sagt er.

Eine Blume öffnet sich in der Hitze der Sonne. Jeden Tag sind die Zeitungen voll von Unglücksfällen. Wenn es so heiß ist, spielen die Leute verrückt, sagt die sommerlich kostümierte Kelly in den Late Night News, die als Wiederholung in einem kleinen Bildschirm oberhalb seines Kopfes laufen. Die Schweißperlen lassen sich selbst auf den gepuderten Stirnwänden der Moderatoren nicht verbergen. Ich bestelle süßen Kaffee mit Eiswürfeln darin. Er wird mir von einem rothaarigen Kellner gebracht. Mein Begleiter verschränkt die Arme vor dem Bauch. Seine Beine hat er unter dem Tisch ausgestreckt, sie sind wie die Stämme zweier mittelgroßer Birken. Er geht inzwischen überhaupt nicht mehr weg. Zuerst war er mir vermeintlich unauffällig gefolgt. Aber jetzt sitzt er ständig bei mir, neben mir, vor mir, so nah, dass ich ihn nicht übersehen kann. Über uns kreisen die Ventilatoren. Zusätzlich flattern Zeitungen schwarzweiß und bunt über die Stühle und Tische, Ponyhaar klappt auf durch den Luftzug, einige Männer haben sich sogar die Haare abgeschoren, vermutlich, damit es in ihren Hirnen kühler wird.

»Bitte«, sage ich, »lass mich allein.«

»Das wird schwierig«, sagt er.

»Ich würde dir helfen, ohne mich zu leben«, sage ich.

»Bei manchen Dingen kann einem niemand helfen.«

Seine Stirn ist die einzig trockene hier, das lässt ihn wirken wie einen Untoten. Trotzdem greift er nach der Getränkekarte, um sich Luft zuzufächeln.

Ich stehe wieder auf der Brücke. Es ist unruhig, Züge rattern im Fünfminutentakt unter mir hindurch. Die Seiten der Brücke wurden mit Hilfe eines Netzes und etwas, das aussieht wie Stacheldraht, abgesichert. Jedes Jahr springen noch immer gute drei Dutzend Menschen dort hinunter, die Vorstellung macht mir keine Angst. Die Stadt dröhnt unaufhörlich in den Ohren ihrer Einwohner, dabei könnte es so schnell so still werden. Ein ordentlicher Sprung, und man durchdränge die Wasseroberfläche und hörte nichts mehr als seinen eigenen Herzschlag. Dann könnte der, der am Ufer Ausschau nach mir hält, warten, bis er schwarz wird, bis sein Lächeln gefriert und er als Statue fotografiert wird von den Touristen, die ihn vergeblich auf ihrer Liste der Sehenswürdigkeiten suchen.

Drei Tage vor Weihnachten sind die Krankenhäuser voll von alten Menschen, die Hitzschläge erlitten haben. Wir verlassen das Uferrestaurant nicht mehr und bestellen alles on the rocks. Ich habe mein Hotelzimmer schon seit einer Ewigkeit nicht mehr gesehen. Die ganze Stadt bewegt sich im Schneckentempo. Die Klimaanlagen in den Taxis sind ausgefallen. Kindergeschrei aus allen Ecken, wer soll ihnen das auch erklären? Sie haben sich so sehr auf die Schneemänner gefreut. Aber selbst die Christmas-Songs in den Supermärkten, in denen sich stark erhitzte Kunden durch für sie leer geräumte Gefriertruhen schieben, dringen nur noch gespenstisch verzerrt durch die Lautsprecher, als würden sie sich selbst nicht glauben. Ich schreibe dem Vertrauten aus der Heimat eine Nachricht. Ich frage ihn, ob es zu Hause ebenso aussieht wie hier. Er antwortet mir, dass es bei ihnen in der Nacht bereits gefriere, und im ersten Moment vermute ich, dass er Scherze mit mir treibt. Aber es ist zu warm, als dass ich mich darum scheren könnte.

Auf der Rückseite meiner Jacke hat sich ein Schweißfleck

gebildet, der leichte Stoff klebt fest an meiner Haut. Mit letzter Kraft gehe ich dorthin, wo ich unbeobachtet sein kann. Auf der Brücke ist es immer kühler als auf dem Festland. Ein dünner Mann mit bis zu seinen Kniekehlen reichenden Filzhaaren, die aussehen wie drei dicke Seile, sitzt auf einer Bank. Sein Gesicht ist zugewachsen, sichtbar sind nur die Augen. Die sind dunkel und schön, und er streckt seinen rechten Arm aus, die flache Hand weist auf den Platz zu seiner Linken. Ich folge der Bewegung und setze mich, obwohl ich allein sein möchte. Aber heute ist wieder einer dieser Tage, an denen ich alles entgegennehme. Neben dem Mann auf dem Boden stehen zwei riesige Säcke mit Flaschen darin. Ein Sack ist aus blauem Plastik, der andere aus schwarzem. Der schwarze Plastiksack ist nicht so stabil wie der blaue, unten stechen ein paar Flaschenhälse heraus, so dass man sich schwer vorstellen kann, den Sack hochzuheben, ohne dass die Flaschen auf den Brückenboden trommeln.

»Wohin willst du damit?«, frage ich den Mann.

»Ich ziehe auf und ab.«

»Du brauchst dringend neue Plastiksäcke.«

»Das macht ein anderer für mich, der bringt mir auch Brot und Bier. Ich mag das Festland nicht, hier erlebt man schon genug.«

Nach einer Pause sage ich: »Es ist heiß geworden.«

Der Mann mit den Filzseilen am Hinterkopf nickt. »So etwas haben wir lange nicht erlebt«, sagt er.

Ich ziehe meine Jacke nun doch aus und lege sie auf die Brüstung aus Holz. Es ist lange her, dass ich meine nackten Arme gesehen habe. Auf den feinen Härchen liegt ein Film aus kondensierter Luftfeuchtigkeit, ich fahre mit dem Finger über die Haut, deren Farbe sich in der Sonne sofort verändert. Dann ziehe ich die Hotelkarte aus meiner Hosentasche und werfe sie in den Fluss.

Der dünne Mann sieht mich an. Das ist wie die Erlaubnis, auch ihn ansehen zu dürfen. Ich gewöhne mich nur langsam an die Schwärze und die Schönheit seiner Augen. Allmählich gräbt sich mein Blick unter seine Barthaare. Das gebräunte Gesicht wirkt gesund, der Rest seines Körpers nicht. Das ist auch kein Wunder, schließlich wandelt er mit der Flaschenlast über den Schultern die Brücke auf und ab, an die zwei Kilometer mag sie lang sein. Er tut das von früh bis spät, dabei trinkt und isst er vermutlich so gut wie nichts.

»Ich bleibe bei dir«, höre ich mich sagen. Ich zeige auf das Ufer. »Da ist es so heiß, dass kein Mensch mehr auf den Straßen zu sehen ist. Nicht einmal eine Ratte bewegt sich noch in der Nacht. Kannst du dir das vorstellen? Dass selbst die Ratten vertrocknen?«

Er will mir antworten, aber da sind Schritte zu hören. Wir drehen unsere Köpfe in die Richtung, aus der sie kommen.

Es ist ein riesiger Mann. Er trägt einen dicken Winterpullover. Der rechte Arm baumelt schlaff herunter, während der linke angewinkelt ist, darauf sitzt ein Schoßhündchen. Der riesige Mann und der winzige Hund sehen sich an. Der Mann beugt sich hinunter und stupst seine eigene Nase gegen die Hundenase. Ich ahne beim Zusehen, wie die Luft zwischen ihnen schmeckt.

Als der Mann auf unserer Höhe ist, ruft er uns mit dunkler Stimme zu: »Ihr habt es wohl noch nicht bemerkt?«

Mit dem rechten Arm zeigt er in Richtung Festland, wo alles ist wie immer. Unzählige leuchtende Punkte auf Promenaden, Wolkenkratzern, Straßenkreuzern.

Alles Helle fällt von beiden Seiten der Länge nach ins Wasser, aber die Spiegelungen der Lichtquellen aus Südost und Nordwest sind zu kurz, um in der Mitte des Flusses miteinander zu verschmelzen. Ich lehne mich über die Brüstung und sehe hinunter. Eben noch war die Wasseroberfläche so ruhig, dass sie mir unversehrbar erschien. Jetzt wird sie durchdrungen von Milliarden dünner Nadelspitzen, die auch auf meinem Körper jede freie Fläche bedecken.

Schnee!, denke ich und überlege noch, ob er später vielleicht so etwas sagen wird wie »… da habe ich dich zum ersten Mal lachen sehen.«

Rabea Edel

Happy Rome

»Frauen sollten in Käfigen gehalten werden«, sagte Diman und schloss für einen Moment die Augen. Unter ihnen stockte der Verkehr seit einer halben Stunde, das Haus war eine Etage höher als die anderen, sie hatten das ganze Dach für sich. »Ein Versteck«, hatte Meret gesagt und ihn prüfend angesehen. Diman lehnte im Bademantel an der Dachkante, der Stoff schimmerte violett, dunkle Flecken am Saum. Diman fühlte sich darin wie ein Kardinal. Er war barfuß nach oben gestiegen, weil er vergessen hatte, seine Turnschuhe einzupacken, und Sandalen nicht mehr anzog, seit er sich selbst die Schnürsenkel zubinden konnte. Also lief er, seitdem es so heiß geworden war, nur noch mit nackten Füßen in der Wohnung umher. Abends, wenn er die Wohnung verließ, um Wasser zu kaufen oder Obst und Fleisch, hitzte der Asphalt nach. Es hatte seit Tagen nicht geregnet, die Luft war voller Staub, winzige silbrige Plättchen, die in der tiefstehenden Sonne glitzerten. Manchmal blieb flüssiger Beton an Dimans Fußsohlen hängen. So wie dort, am Ende der Straße, wo die ersten Räumarbeiten begonnen hatten und die gesprengten Löcher im Pflaster gerade erst frisch aufgefüllt waren. Dort, wo er Meret vor einer Woche zum ersten Mal gesehen hatte, mit einem altmodischen Korb voller Brioche con Crema am Arm und dem ausgeleierten Heavy-Metal-Shirt von Alessandro, das ihr bis über die Knie reichte. Ihre rosafarbenen Locken standen wild in alle Richtungen ab, über dem

T-Shirt trug sie, trotz der Hitze, eine Felljacke mit Leopardenmuster. Eine halbe Stunde später hatte die erste Explosion im Metro-Schacht das Pflaster aufgerissen wie eine schorfige Wunde. Es heißt, es gebe einen geheimen Verbindungsgang vom Petersdom am anderen Ende des Centro hinüber zur Engelsburg und von dort sternenförmig zu allen anderen Burgen der Stadt. Diman stellte sich vor, dass Fackeln an den Wänden des Schachtes flackerten wie elektrische Adventskerzen, dass der Boden nass war. Er sah den wehenden Mantel des Papstes vor sich, wie er durch die Gänge eilte, und knotete den Gürtel seines Kardinalsmantels enger. Aber wahrscheinlich waren es Kriechgänge. Dunkel und dreckig und eng. Voller Ratten. »Oder so etwas Ähnliches«, fügte Meret hinzu, »Diman?« Ihr kleiner Bauch, der sich unter dem T-Shirt wölbte, sprang ihm entgegen, dazu die dunklen Ringe unter ihren Augen. Diman drehte sich wieder um, stützte sich an der Dachkante ab und sah hinunter auf die Straße. Die Autos hupten nicht. Vereinzelt schlängelten sich Motorinos zwischen den zwei Blechreihen hindurch. Kein Laut drang bis zu ihnen herauf. Eine einzelne Wolke, die sich vor Dimans Augen auflöste und im Blau verschwamm. Meret setzte sich neben ihn auf die Brüstung.

Drinnen lagen Cliff und Alessandro auf dem Sofa vor dem Fernseher, die Beine und Arme ineinander verknotet, davor standen ein paar Weinflaschen und zwei Bombay Sapphire, Ante Porta flackerte in ihren Gesichtern, der Aschenbecher war umgekippt, jemand war hineingetreten, eine Spur kleiner nackter Füße führte über die Fliesen in die Küche und zurück. Die Musiksendungen waren aus dem Programm gestrichen, stattdessen gab es jetzt Bilder der Einsatzwagen, ein rotgrünes Logo in der unteren Bildecke, Italia sotto assalto, der Ministerpräsident versteckte sich irgendwo beim Golfspielen und winkte in die Kamera, alles unter Kontrolle, wie beim letzten Mal, wie beim nächsten Mal.

Am frühen Nachmittag hatte Meret an der Tür geklingelt. Sie war außer Atem und wedelte mit einem Stück Papier. »Ma … wo ist Ale? Ale, schau mal, und du«, sie musterte Diman, hob dabei den Kopf, um ihm in die Augen sehen zu können, wie klein sie war, hatte Diman gedacht, und was für eine absurde Haarfarbe sie hatte, da musste etwas schiefgelaufen sein, »was stehst du hier rum, gib mir was zu trinken, aber schnell«. Meret ließ Diman stehen und ließ sich auf das Sofa in der Mitte des Raumes fallen. Cliff schob ihr eine Hand ins Haar, hielt ihr ein Glas Leitungswasser hin. Aus dem Flur roch es nach Essen, nach Katzenpisse und ein klein wenig nach Rauch. »Was ist das?«, fragte Diman. Meret drehte sich um und streckte ihm den Zettel hin. »Das erste selbstgemachte Vermisstenposter. Ich hab's vom Laternenpfahl unten vor der Tür.« – »Das macht man nicht«, sagte Cliff in sein leeres Glas hinein. Er griff in Merets Locken und riss ihren Kopf nach hinten. »Scheiße, das macht man nicht, okay? Das ist echt nicht in Ordnung.« Merets Gesicht verzog sich. »Ach, lass mich doch in Ruhe. Du würdest das doch noch nicht mal lesen, wenn da ein riesiges Photo von mir drauf wäre.« Meret versuchte aufzustehen, aber Cliff war stärker, ihr Kopf schlug gegen die Rückenlehne der Couch, ihr Hals sah irgendwie verdreht aus. Diman schwitzte. »Ich schau mir das mal an«, sagte er.

Die Fliesen im Treppenhaus waren kühl und fast weich. Diman raffte den Saum des Bademantels zusammen und machte einen Knoten auf Kniehöhe, lief die zwei Stockwerke hinauf bis zur letzten Wohnung. Unter ihm klappte eine Tür. Das Geräusch nackter Kinderfüße auf der Treppe, dann Merets Lachen, etwas wurde durch den Flur gezogen. Diman stieg auf die Trittleiter, der Stoff des Mantels blieb an dem rauen Holz hängen, er riss daran, es ratschte, mit der anderen Hand drückte er die Dachlucke hoch und kippte dabei fast hintenüber. Die Hitze, die ihm entgegenschlug, war unerträglich.

Meret wollte einen Zusammenhang herstellen, das hatte sie so gesagt, auch dort, wo keiner war. »Ich trinke normalerweise nicht«, hatte er geantwortet und dabei die Flasche Nero d'Avola entkorkt, als gebe es etwas zu feiern. »Salute.« Das bröckelnde Rot auf Merets Lippen, das er abgeleckt hatte. Diman trank und trank, steckte die Zunge ins Glas, um auch noch den letzten Rotweinrest zu erreichen. In der Nacht hörten sie die Sirenen der Polizeiwagen auf der Via Santa Barbara, die hinaus auf die Appia Antica führte und weiter in die Berge. Das kreiselnde blaue Licht, das über die Wände glitt, für wenige Sekunden nur, wenn die Wagen die schmale Lücke zwischen den zwei Häusern passierten. Meret kroch ganz selbstverständlich zu ihm unter das Laken. Sie roch nach kaltem Rauch, nach Erdbeeren, Borotalco. »Schlaf weiter«, murmelte Diman und drehte sich auf die andere Seite, »es ist nichts, es ist immer dasselbe.« Nebenan im Wohnzimmer saßen Alessandro und Cliff und drehten Joints. Der Ton des Fernsehers war leise gestellt, ein Flüstern nur, ein hohes Sirren, das sich in ihren Schlaf schlich, mit dem sie am Morgen erwachten, am Nachmittag im Dämmerlicht des Zimmers miteinander gegen die Hitze anschliefen, mit dem sie schwitzten und sangen, mit dem Alessandro den Tintenfisch vom Markt auf den Küchenboden schlug, »Damit er weich wird, kleiner Diman, weich wie Butter«, Tinte spritzte umher, das wabbelige Fleisch des Tieres klatschte auf die Fliesen. Und dazu immer dieses Summen, das nach einem Tag bereits Dimans Erinnerungen ersetzt hatte, so dass er nachts schweigend und satt auf das weiße Laken fiel, binnen weniger Minuten nassgeschwitzt und klebrig. »Erzähl mir«, bat Meret. Aber das Summen schluckte jedes Wort.

Die Dachluke öffnete sich, und der Kopf eines aufblasbaren Gummimonsters schob sich durch die Öffnung, dahinter der Nachbarsjunge, es quietschte, der Rest des Tieres ploppte durch den Türrahmen, und der Junge stolperte hinterher. Dann tauchten Merets rosa Haare auf, sie hielt drei Schnapsfläschchen in der Hand wie eine Trophäe, die sie erbeutet hatte. Der Verkehr auf der Straße stand still. Kein Wind ging. Diman schob die Ärmel des Bademantels hoch, aber der glatte Stoff rutschte immer wieder zurück. Der Junge zog das Plastiktier hinter sich her auf die andere Seite des Daches, drehte es so, dass der grüne runde Kopf mit den Hörnern, den aufgemalten runden Nasenlöchern und Kulleraugen zur Engelsburg schauen konnte. Dorthin, wo das erste Feuer ausgebrochen war. Dann legte er sich in den schmalen Streifen Schatten, den die Brüstung warf, und blinzelte zu Diman hinüber.

Meret wusste nur, dass er seit einem Monat zurück war, woher er kam, das wusste sie nicht. Seit einer Woche schlief Alessandro auf dem Sofa. Happy Rome / you're welcome / benvenuto / cheap and clean / Rome's finest place to stay! hatte in der Anzeige gestanden. Von Dimans Mietvorschuss kaufte er ein halbes Kilo, das Cliff sorgfältig in Tagesdosen rationierte. Er hatte den Fernseher angeschaltet, von dem Ale gedacht hatte, er sei kaputt, aber das war nur die Steckdose: CNN, Ante Porta, CNN, immer im Wechsel, seit die ersten Adern unter der Stadt explodiert waren. Auf dem Bildschirm in Zeitlupe immer auch ein zweites, ein drittes Mal. Einmal hatte Diman im Schlaf in sein Kissen geweint. Meret dachte, dass er daran ersticken könnte, sie beobachtete ihn und lauschte: Das Sirren hatte für einige Sekunden ausgesetzt. Sie ging zum Koffer und klappte ihn auf, nahm jedes Kleidungsstück vorsichtig in die Hand. Zuunterst lagen zwei von Dimans Kameras, belichtete Filmrollen, vierunddreißig Stück, Meret hatte sie gezählt. Und zwischen den Filmdöschen und eingerollten Socken der geschmolzene Rest einer metallenen Marke, die nicht Diman gehören konnte, mit einer eingravierten Nummer, D A 446789098, die Kette war gerissen. Meret versuchte, sie sich einzuprägen, »DA44, 678, 90, 98« sagte sie zu sich, »DA, 446, 789, 09, 8«. Da setzte das

Sirren wieder ein. Diman tastete über die leere Bettseite. »Komm her«, flüsterte er, »komm her, komm.« Er schwitzte, seine Augen glänzten fiebrig, die Nasenflügel zitterten. Ein ängstliches Tier. Es schien ihr, als schaue er sie durch den Schlaf hindurch an. Das Blaulicht wanderte von links nach rechts durch das Zimmer. Meret setzte sich neben ihn auf das Bett und schlug die Beine unter. Seine Augenlider flatterten. Das Ruckeln des Geländewagens in den Beinen, das sich bis ins Rückgrat fortsetzte, er kaute auf Sand herum, knirschte mit den Zähnen. Meret legte ihm eine Hand an die Wange. Neben ihm stand der Junge, den er seit Tagen auf der Suche nach seiner Schwester begleitete. Als sie sie tatsächlich in einem der Lager wiederfanden, begann der Kleine, schweigend und auf der Stelle, mit einer Plastikpistole auf sie zu schießen, so lange, bis die roten und blauen Lämpchen endlich aufhörten zu flimmern, die animierten Schussgeräusche der Kalaschnikow verstummten, weil die Batterien leer waren. Die Schwester rührte sich nicht. Diman hielt die Kamera auf ihr Gesicht, zoomte es ganz nah heran, die griesige Haut, der schlanke Hals, die aufeinandergepressten Lippen, nur ihre Wimpern zitterten. Meret beugte sich über Dimans Gesicht, so dass ihr Atem sich mit seinem vermischte. Diman drehte den Kopf zur Seite, seine Stirn klebte. Meret zog die Hand weg. Dann war da plötzlich das Gesicht der Alten, das sich über das des Mädchens legte, tiefe Furchen in der sonnengegerbten Haut. Die wenigen Zahnstummel in der dunklen Mundhöhle, die sich öffnete und schloss, während die Alte mit einem Knochen über ihrem Kopf den Himmel zerteilte und schrie. Jeden Morgen erschien sie am Rand des Feldes, stellte sich nah an den Stacheldrahtzaun und begann ihr Tagwerk: hohe undefinierbare Laute, ein Singsang, der keinem Muster zu folgen schien und mit den früh hereinbrechenden Abenden verstummte, die wütend von allen Seiten auf das Zelt, die freigelegten Gräber, die flatternden Absperrungen und Militärjeeps zurasten. Darüber der immer schneller verwelkende Himmel, das Gefühl der Kapitulation. »Welche Farbe hat Sand?«, fragte Diman. »Ist er weiß oder gelb oder braun?« – »Gelb«, flüsterte Meret, »in Ostia ist der Sand immer gelb, ich werde ihn dir zeigen, gleich morgen.« Die blauen Müllsäcke voller Knochen, die die Männer nicht zuordnen konnten, die später wieder vergraben wurden. Diman dokumentierte alles. Männer in Hemden, die ihnen bis über die Knie reichten, in Badelatschen und weiten Hosen liefen an ihm vorbei, schauten ihn nicht an, suchten die Gruben mit den Augen ab, öffneten die Säcke, griffen hinein, gingen weiter. Ihre Füße wirbelten Staub auf, der sich Diman auf die Lunge legte und die Linsen der Objektive verkratzte. Die Alte, die am Rand des stillen Feldes stand und ihn ansah, als wisse sie alles über ihn, als kennte sie ihn seit Jahrhunderten, vom Anbeginn aller Zeiten. »Ich weiß es nicht, … ich …«, murmelte Diman. Meret hob Dimans schlaffen Arm hoch, legte ihn sich um die Schulter und rollte sich an seiner Seite zusammen. Am nächsten Morgen stand er im Bademantel am Herd und briet Omelette. Die neuen Erschütterungen waren nur mehr ein leichtes Zucken in den Schläfen, das so zuverlässig und vertraut einsetzte wie das Geheul der Sirenen, die leichte Gänsehaut im Nacken und auf den Armen.

»Frauen sollten in Käfigen gehalten werden«, wiederholte Diman, die Knochen an seinen Handgelenken traten weiß hervor, der Stoff klebte am Rücken. Sie saßen hier oben, Meret, der Junge, das Plastikmonster und Diman, in dem violetten Satinbademantel, den er im Schrank gefunden hatte, und noch immer hielt die Stadt still. Das Blaulicht strahlte selbst bis hier hinauf und griff in Merets Locken. Der Junge hatte sich neben dem Ungeheuer zusammengerollt und zuckte im Schlaf mit den Füßen wie ein junger Hund. Das Flachdach des Happy

Rome wellte sich, die graue Pappe war an einigen Stellen aufgesprungen, Diman spürte die Wärme an den Fußsohlen. Merets Ruhe. Mit ihrer Hand in seiner würde ihm nichts passieren. Aber Meret ignorierte seinen ausgestreckten Arm, sie fragte nicht, was er da sagte, ob er sie damit meinte oder eine andere oder niemanden. Sie setzte sich neben ihn auf die Brüstung, schraubte mit den Zähnen den nächsten Schnaps auf, spuckte den Verschluss über die Dachkante, klemmte das Fläschchen zwischen die Zähne und legte den Kopf in den Nacken. Diman beobachtete ihren Hals. Eine Mücke stach genau in die Kuhle zwischen ihren Schlüsselbeinen. Meret nahm das Fläschchen und warf es dem Verschluss hinterher, beugte sich hinunter und versuchte, den Aufprall zu sehen, aber das Glas war zu schnell gefallen. Sie bog den Oberkörper zurück, ihr Gesicht war rot, ihr ständiges Lächeln schmerzte ihm in den Augen. Diman zuckte zurück. Dann endlich griff sie seine Hand.

Zuerst der Geruch von verbranntem Fleisch. Von heißem Metall und schmelzendem Plastik. Endlich auch von Feuer. Diman ließ Merets Hand los.

Dann setzten die Geräusche wieder ein.

Susanne Heinrich

Unter freiem Himmel

Ich war dabei, die Abstellkammer aufzuräumen, als ich den blauen Müllsack fand. Er war mit Absperrband zugebunden, ich konnte mich nicht an ihn erinnern. Als ich ihn öffnete, fielen nacheinander zwei Paar braune Wanderstiefel, ein dunkelgrüner Parka und mehrere Wanderkarten und Faltpläne heraus. Ich stellte mir vor, wie Robert diese Dinge in den Müllsack getan hatte. (Wahrscheinlich hatte er sie erst auf einen Haufen gelegt und sie noch eine Weile angesehen, ehe er sie weggepackt hatte.) Ich stellte mir vor, wie er es nicht fertiggebracht hatte, den Müllsack wegzuwerfen. (Wahrscheinlich hatte er vor dem Container gestanden, die Tüte hochgehoben und wieder fallen lassen. Dann hatte er bis zehn gezählt und war umgekehrt, um den Müllsack in der hintersten Ecke der Abstellkammer zu deponieren.) Ich nahm einen seiner Schuhe in die Hand, und ein paar Brocken getrockneter Erde lösten sich aus dem Profil und fielen auf den Boden. Ich stellte den Schuh wieder ab und wischte mir mit der flachen Hand über die Augen.

Schon am Anfang hatte Robert mir oft vorgeworfen, ein Hotelmensch zu sein. Du bist ein Hotelmensch, hatte er immer gesagt, mit dir kann man solche Dinge nicht machen. Solche Dinge, damit meinte Robert mehrtägige Kanu-Touren, Camping-Urlaube, Wanderungen. Damals, als wir unsere Zugeständnisse noch nicht gegeneinander aufrechneten, hatte er sich noch mit kurzen Waldspaziergängen besänftigen lassen. Dann hatte er versucht, mich für bestimmte Bäume zu begeistern oder mir beizubringen, welche Gräser und Blätter sich zum Pfeifen eignen und wie man sie zwischen die Daumen klemmen muss, damit ein möglichst lauter Ton entsteht. Aber er muss gespürt haben, dass ich diese Spaziergänge schon immer mehr aus Liebe zu ihm denn aus Liebe zur Natur gemacht hatte (daran, wie ich seine Lektionen fraglos hinnahm, an meinem Seufzen, wenn wir das Haus wieder erreichten). Schließlich verflüchtigte sich die Zärtlichkeit aus seiner Stimme, wenn er sagte: Die Menschen sind verschieden, du hast für die Natur eben nichts übrig. Wir machten immer seltener Spaziergänge, und als wir alle Wege durch den nahe gelegenen Wald auswendig kannten, machten wir gar keine mehr.

Robert hatte im Juli Geburtstag. Schon einen Monat vorher bereitete ich alles vor. Ich suchte die Wanderroute heraus, stellte einen Zeitplan auf und kaufte sogar einen Picknickkorb. Ich malte einen *Gutschein für eine Talwanderung zur Quelle.* Die Buntstifte machten mich melancholisch. (Das letzte Mal hatte ich welche in der Hand gehabt, als ich zehn war. Ich hatte meiner Mutter zum Muttertag einen Orden gemalt, mit der Aufschrift: *Die beste Mutter der Welt.*) Als ich alles organisiert hatte, blieb mir noch genug Zeit, braune Schuhe zu kaufen. Es war Robert immer wichtig gewesen, dass ich braune Schuhe besitze. (Im Wald, hatte er gesagt, trägt man kein Rosa.) Die letzten Tage vor seinem Geburtstag verbrachte ich damit, kleine Konserven zu kaufen, Plastikbesteck und Bier in Dosen. Wenn Robert und ich uns über den Weg liefen, musterte er mich misstrauisch, und ich fragte: Warum siehst du mich so misstrauisch an? Ich bin nicht misstrauisch, antwortete Robert dann, ich bin mürrisch. Es gibt keinen Grund, mürrisch zu sein, sagte ich. Es gibt auch keinen Grund, nicht mürrisch zu sein, sagte Robert. Wart's ab, sagte ich.

An diesem Morgen war ich lange vor Robert wach. Ich öffnete die Augen, bewegte mich aber nicht. Die Sonne ging auf und schwappte durchs Fenster. Erst bedeckte sie nur den Boden, dann stieg sie in wenigen Minuten bis zur Decke. Als die Wärme kurz davor war, in Hitze umzuschlagen, begann Robert zu zucken. Ich drehte meinen Kopf zur Seite, wartete, bis Roberts Lider sich einen Spaltbreit öffneten, und sagte: Alles Gute zum Geburtstag, Robert.

Später saß ich schon am Frühstückstisch, als Robert in die Küche schlurfte und sich auf seinen Stuhl fallen ließ. Ich konnte sein Gesicht nicht sehen, als er den Gutschein fand (der Blumenstrauß war zu groß). Eine Zeit lang frühstückten wir stumm, und Robert aß so viel, wie er sonst nur im Urlaub aß. Dann beobachtete ich, wie er aufstand und zu mir herüberkam. Direkt vor meinem Stuhl blieb er stehen. Er bückte sich und nahm mich in den Arm (er strich mir über den Rücken, als wollte er mich trösten).

Als wir endlich nebeneinander im Auto saßen, murmelte Robert: Inklusive Picknick und Geburtstagsüberraschung. Ich nickte, und Robert zog die Brauen hoch wie jemand, der sich auf etwas freut, das bald eintreten wird. Ich ließ den Motor an und fragte: Willst du deine Jacke nicht ausziehen? Wir brauchen fast eine Stunde. Aber Robert schüttelte nur lächelnd den Kopf und summte die Titelmelodie eines Cartoons. (Während der ganzen Fahrt lehnte er sich kein einziges Mal zurück.)

Es war Mittag, als wir ankamen, ich verbrannte mir am Autodach die Finger, als ich die Tür zuschlug. Robert legte den Kopf in den Nacken, blinzelte und zog seine Windjacke aus. Steck doch den Plan weg, sagte er mit einem Seitenblick. Es gibt unendlich viele Wege, erwiderte ich. Als Robert schwieg, fügte ich hinzu: Wir könnten unsere Route verlieren. Darauf zuckte Robert mit den Schultern. Wäre das so schlimm? Er streckte seine Hand aus, ohne mich anzusehen (ein Angebot, ein Befehl), und wir nahmen die gelbe Route. Der Weg führte an einem ausgetrockneten Flussbett entlang, ehe er sich in den Wald hinaufschraubte. Wir schleppten uns aufwärts, die Sonne im Nacken, und Robert sagte: Pass auf deine Knie auf. Alle paar Minuten hob er den Arm, zeigte auf etwas und nannte den Namen eines Baumes oder Strauchs. Das ist es, sagte Robert, das indische Springkraut, von dem ich dir erzählt habe. Es ist den heimischen Gewächsen überlegen, wird über zwei Meter hoch und schleudert seine Samen sieben Meter weit. Der Nektar enthält viel Zucker und duftet so stark, dass die Insekten irgendwann nur noch zu ihm kommen. Sieh dir die Blüten an. Ist es nicht schön? Ich bückte mich und versuchte zu sehen, was Robert sah.

Ich hatte mich nie besonders für Pflanzen interessiert. Als Kind hatte ich gewusst, wie die Beeren in unserem Garten hießen, ich kannte Rhabarber, Sauerampfer und Bucheckern. Von allen Bäumen waren mir nur die Birken vertraut, und ich konnte Fichten und Kiefern an der Länge ihrer Nadeln unterscheiden (die Eselsbrücke meiner Heimatkundelehrerin, das lange und das kurze »i«). Ich mochte die Natur als Ganzes, im Sommer, wenn alles blühte, und sie war mir gleichgültig, wenn sie im Winter unter der Schneedecke verschwand. Selbst für Tiere hatte ich nicht viel übrig, obwohl ich auf dem Land lebte, wo es mehr Hennen als Menschen gab. Aber ich wusste, wie Füchse aussehen (und Hennen, nachdem Füchse im Dorf waren). Manchmal lief ich in die Alleen, um Kirschen zu essen, oder an den Fluss, um mich ins Wasser zu stellen. In den Wald zog es mich nur, weil man sich dort mit den Jungs treffen konnte.

Unter den Bäumen am Rand der Felder zogen wir uns hektisch aus und taten das, was wir tun mussten.

Die unzähligen purpurroten Blüten hingen wie winzige Glöckchen von den Stielen. Sie rochen süß wie eins dieser billigen Sommer-Parfums. Ich hielt die Luft an und richtete mich wieder auf. Ein Schweißtropfen lief mir über die Wange und übers Kinn, am Übergang zum Hals löste er sich langsam, wurde immer länger und fiel endlich wie in Zeitlupe, ehe er auf den Waldboden schlug und zersprang. Ein paar Zentimeter neben der Stelle, wo er aufgekommen war, lagen zwei tote Regenwürmer in einer kleinen Senke, zu einem Knäuel verschlungen (als hätten sie sich im letzten Moment noch aneinander festgehalten). Und da vorn, unter der Rotbuche, siehst du das?, hörte ich Robert sagen. Ich riss mich vom Anblick der Würmer los und richtete mich auf. Die Abdrücke da, sagte Robert, das sind eindeutig Paarhufer. Ich kniff die Augen zusammen. Zwischen den Baumkronen und dem Gras flirrte alles. Die Baumstämme tanzten vor meinen Augen, die Büsche, die Spuren auf dem Boden. Ich versuchte, mich zu konzentrieren, aber die Farben wollten sich nicht voneinander trennen. Als ich die Hand auf den Boden legte, erwartete ich, dass er glühen würde, aber er war nur mäßig warm. Alles in Ordnung mit dir?, fragte Robert. Ich sah zu ihm hoch. Er hatte die Brauen zusammengezogen und die Arme in die Hüften gestemmt (er sah seltsam verschoben aus). Ja, sagte ich, alles in Ordnung. Ich habe nur ein bisschen Durst. Durst, wiederholte Robert und nickte ernst.

Wir hatten uns oft über diese Dinge gestritten: unsere Beziehung zur Natur und all das. Mir war der Gedanke gekommen, dass ich vielleicht deshalb nie ein enges Verhältnis zu ihr entwickelt hatte, weil sie mich die ganze Kindheit über so selbstverständlich umgab, und weil ich niemals angefangen hatte, mir die Namen der Pflanzen zu merken. Robert wollte von meinen Überlegungen nichts wissen. Da gibt es nichts zu interpretieren, sagte er. Du hast einfach keine Zärtlichkeit gegenüber dem Lebendigen. Einmal warf er mir sogar vor, ich würde meinen Sinn für Ästhetik nur darauf verwenden, leblosen Besitz anzuhäufen. Als ich fragte, was er damit meinte, erwiderte er, ich solle mir Gedanken darüber machen, ob mein Verhältnis zum Letalen nicht ungesunde Züge annehmen würde. Daraufhin bezeichnete ich Robert als sentimentalen Naturschwärmer, Fromm-Jünger und Naturisten. Du weißt doch gar nicht, wovon du redest, sagte er. Ein paar Tage lang sprachen wir kaum miteinander. Aber Robert war hartnäckiger und selbstgenügsamer als ich, und so war ich es, die sich endlich entschuldigte, und Robert der, der meine Entschuldigung annahm. So war es immer. (Auf die Art bin ich die Schuldige in unserer Beziehung geworden.)

Ich blieb stehen. Seit dem indischen Springkraut musste mindestens eine Stunde vergangen sein. Aber die Bäume sahen sich alle ähnlich, und auch der Weg sah aus wie der Weg vor einer Stunde. Wir müssten die Quelle längst erreicht haben, sagte ich, und meine Stimme war leiser, als ich beabsichtigt hatte. Robert wandte mir sein Gesicht zu. Er sah unwirsch aus, als hätte ich ihn bei etwas gestört. Auf seinem T-Shirt wuchsen Schweißflecken. Ich suchte in meinem Kopf nach irgendeinem Satz. Hast du nicht auch Hunger?, fragte ich vorsichtig. Da setzte Robert sich in Bewegung. Ich sah zu, wie sein Rücken sich langsam entfernte, einen Meter, zwei, fünf, ganz unsentimental. Selbst nach zwanzig Metern verlangsamte Robert seinen Schritt nicht. Ich öffnete den Mund, aber meine Zunge kam mir sehr trocken und schwer vor, und ich hatte das Gefühl, Robert wäre ohnehin schon zu weit weg, um mein Rufen zu hören. Er war ein schwarzer Schatten, der geradewegs in die Sonne schritt. Die Fronten der Bäume rechts und links bewegten sich in rasender Geschwindigkeit auf ihn zu, bald würden sie ihn ganz verschluckt haben. Ich kickte mit der Fußspitze einmal gegen den Boden und sah zu, wie die kleinen Steine in alle Richtungen auseinanderstoben und endlich liegen blieben. Dann ließ ich mich fallen.

Es dauerte eine Weile, ehe sich aus so viel Haut und Wimpern und Lippen ein Gesicht zusammenfügen ließ. Als ich Robert erkannte, erschrak ich über seine Schönheit. Er war so nah, dass ich mich zurücklehnen musste. Ich stöhnte auf. Mir tut alles weh, sagte ich. Du bist dehydriert, hörte ich Robert sagen. Ich spürte, wie er mit einer Flasche meine Lippen auseinanderschob, dann trank ich. Robert beobachtete mich dabei. Ich lächelte der Sorge in seinem Gesicht zu, und Robert lächelte zurück.

Als ich aufgestanden war, hakte er mich unter, und wir nahmen den nächsten Weg, der in den Wald führte. Die Kühle unter den Bäumen vertrieb die bösen Geister hinter meiner Stirn. Auf einer Wiese, über der ein Fächer aus gleichmäßigen Streifen von Licht und Schatten lag, breitete Robert unsere Decke aus. Und dann lag ich zwischen dem Proviant und sah Robert dabei zu, wie er in den Käse biss, den ich am Stück gekauft hatte (Robert liebte es, von großen Dingen abzubeißen), und es ging mir mit jeder Sekunde besser. Beim Trinken machte Robert Geräusche, wie nur Kinder sie machen, und vor dem blauen Hintergrund sah es beinahe so aus, als würde er eher zum Himmel gehören als auf die Wiese. Ich blickte zwischen Robert und dem Blau hin und her (das Muster der Wolken auf dem Himmel, das Muster der Freude in Roberts Gesicht), als er sagte: Hoffentlich hast du keinen Sonnenstich. Weil ich den Kopf nicht schütteln konnte, drehte ich ihn nur langsam auf der Decke hin und her. Nein, wirklich, sagte ich, es geht mir schon viel besser. (Ein Reh, das mitten über die Wiese gesprungen wäre, hätte mich in diesem Moment nicht gewundert.)

Und was ist jetzt mit der Überraschung?, fragte Robert. Wir lagen Arm an Arm nebeneinander und hatten die Blicke in die Baumwipfel gehängt. Da erinnerte ich mich an meinen Plan (die Route dieser Wanderung, die Versprechen unserer Beziehung, die Vorsätze meines Lebens). Ich erinnerte mich, wie Robert in meinem Zimmer zuallererst die Matratze unter das Fenster gerückt hatte. Wie er mit aufgerissenen Augen dagelegen hatte, während ich mich über ihm bewegte. Wie er leise, als würde er ein Gebet sprechen, geflüstert hatte: Es gibt nichts Schöneres als Sex unter freiem Himmel.

Als ich Robert auf den Mund küsste und seine Lippen mit meiner Zunge auseinanderschob, sah er mich mit großen, nahen Augen an und ließ es geschehen. Ich streifte mein Kleid ab und wunderte mich, wie schnell ich nackt war. Als ich den Schlüpfer auszog, stutzte Robert, aber ich schob die Schalen und Dosen mit dem Essen beiseite und fragte leise: Hast du dir das nicht immer gewünscht? Ich legte mich auf den Rücken und ließ Robert Zeit, sich an meine helle Nacktheit zu gewöhnen. Aber als ich den Kopf hob, war er ein Stück abgerückt, nicht einmal sein T-Shirt hatte er ausgezogen. Ich glaube, ich kann das nicht, sagte er, so auf Befehl. Da lachte ich leise und streckte meine Hand nach ihm aus. (Sein Schwanz hatte sich schon entschieden.) Ich half Robert, seine Hose auszuziehen, und er kniete sich hinter mich.

Ich beobachtete zwei Ameisen auf der Decke, als Roberts Hecheln endlich schneller wurde. Die eine Ameise trug die andere auf ihrem Rücken, es war nicht zu erkennen, warum.

Vielleicht war das ein Spiel, vielleicht eine Paarung, vielleicht war eine der Ameisen krank. Ich versuchte herauszufinden, ob das Rauschen der Bäume nicht vielleicht ein Flüstern von Tieren war (ich hatte das Geräusch von Haut auf Haut noch nie gemocht). Bei jedem Vor und Zurück strich mir die Sonne einmal über den Kopf, von der Stirn bis zum Nacken, und der Teil meines Rückens, der nicht im Schatten lag, fing an zu brennen. Plötzlich riss Roberts Keuchen ab. Er hatte aufgehört, sich zu bewegen, und ich hielt ebenfalls still. Robert zog seinen Schwanz aus mir heraus. Auch jetzt blieb ich noch auf allen vieren und wartete. Dann hörte ich, wie Robert sich die Hosen hochzog, wie er aufstand, wie er einen Schluck aus der Flasche nahm (ich hörte, wie Robert mich ansah). Da war jemand, sagte Robert. Ich drehte mich um. Aber ich sah nur Bäume.

Auf dem Rückweg ging Robert ein Stück voraus. Ich dachte daran, wie wir uns früher über diese Paare lustig gemacht hatten, die so weit auseinander liefen, dass man sie erst ganz aus der Nähe als Paar erkannte (an den gleichen Wanderhosen, dem gleichen Gruß, der gleichen Skepsis in den Augen). Ich überlegte, wer von uns zuerst etwas sagen würde. Ich konnte mich entschuldigen, ich konnte sagen: Es war eine dumme Idee, verzeih mir, ich konnte warten, bis Robert sagte: Es war eine bescheuerte Idee von dir, das musste ja schiefgehen.

Plötzlich blieb Robert stehen, ging in die Hocke und streifte seinen Schuh ab. Er schüttelte ihn aus, zog ihn wieder an und ging weiter. Nach ein paar Metern blieb er erneut stehen. Er hockte sich hin, zog den Schuh aus, dann seine Socke, und schüttelte sie. Ein winziger Stein fiel heraus und ohne Geräusch zu Boden. Als Robert sich wieder aufgerichtet hatte, standen wir uns gegenüber, als wäre das ein Spiel. Ich versuchte, nicht zu blinzeln, ich versuchte, keine Zeichen zu geben. Es kam mir vor wie eine Ewigkeit. Als meine Augen zu tränen begannen, zog Robert auf einmal die Schultern hoch. Er hielt sie so und blieb eine ganze Weile in dieser Haltung stehen, wie zusammengeschnürt, dann ließ er sie wieder fallen. Das letzte Stück gingen wir mit gegen die Sonne zusammengekniffenen Augen.

Daniela Dröscher

Arafat

Sie stand vor ihm in seiner Fischerhose, die er, nass und schmutzig, achtlos auf den Flurboden hatte fallen lassen. Er war früh aufgestanden, um mit seinem Bruder Angeln zu gehen, nie fingen sie etwas, darum ging es auch nicht. Noch bevor er das nasse Ding hätte wegräumen können, hatte sie mit den Vorwürfen begonnen, und er war, unter dem Vorwand, duschen zu müssen, im Bad verschwunden, die Tür leise hinter sich schließend, schweigend, bestimmt.

Unter der Hose trug sie ein Höschen, mehr nicht, die Hosenträger hatte sie gespannt, so dass sie straff über ihren Brüsten verliefen, die groß waren und fest, die schönsten Brüste der Welt, sagte sie manchmal, wenn sie so betrunken war, dass sie alles sagte. Seit er nicht mehr mit ihr schlief aber, kamen ihr ihre Brüste oft fremd vor, so, als existierten sie nur unter seiner Berührung zu Recht. Sie nahm ab und wieder zu wie ein launischer Planet, und wenn sie so viel wog wie gerade, schienen ihr diese kuhschweren Dinger seltsam obszön.

Nun saß er auf der Couch, in die er tief eingesunken war, so dass sein schöner, gerader Körper schief und verborgen lag. Kurz nur sah er zu ihr auf, und für einen Moment glaubte sie, dass sein dichtes schwarzes Haar in der Mitte des Kopfes licht geworden sei. Als sie aber näher trat, erkannte sie, dass es bloß der Lichtkegel der Lampe war.

Sie war gereizt, seit Tagen nunmehr halbherzig in ihrem Bemühen, weniger zu essen. Betäubt von dem Wein und dem Schnaps auch war sie, schon am Nachmittag hatte sie mit der Freundin im Park zu trinken begonnen. Erst hatten sie nur geredet und getrunken, dann hatten sie sich an den Händen gefasst und waren hysterisch kichernd über die Wiesen gelaufen. Irgendwann hatten sie sich einfach im Gras ausgestreckt, und die Halme hatten ihre braun schimmernde Haut berührt, und sie hatte sich gefragt, warum es nicht immer so sein konnte, dass einem die Hitze in den Adern rauschte, dass man dalag und nichts tat, nur von fern her die Blicke der Umliegenden spürte. Als sei dies alles eine Art Film, in dessen prächtigen Bildern man lebte und den man betrachtete zugleich.

Dann, in der Tram, hatte die Freundin wieder eine ihrer Diskussionen begonnen. Als sie jetzt an ihre aufgeregten Silhouetten in der Fensterscheibe dachte, musste sie lachen. Zwei betrunkene Mädchen, die wild gestikulierten, die Zungen trocken und träge, die Wangen unter der Schminke erhitzt. Die Freundin hatte sich begeistert für die Behauptung, dass man von dem, was in der Welt ist, nichts mit Gewissheit sagen könne, nicht einmal, ob sich in dem Zimmer, in dem man sich gerade aufhielt, ganz sicher kein Rhinozeros befand. Wie immer, wenn die Freundin von etwas begeistert war, hatte sich ein Singen in ihre Stimme geschlichen. Ernsthaft zu diskutieren war sie nicht bereit gewesen, sie unterschlug, dass es dem Philosophen darum ging, dass allein die Logik sichere Erkenntnis verspreche. Mit dieser Art von Philosophie aber hatte die Freundin nichts zu schaffen, das Bild des verborgenen Nashorns schien ihr schlicht Lust zu bereiten. Die Freundin hatte hartnäckig und abwegig argumentiert, ihre Schlüsse waren falsch, wenn auch nicht eigentlich dumm. Aus irgendeinem Grund aber hatte sie gezögert, Einwände vorzubringen. Gutheißen aber mochte sie es nicht. Es ärgerte sie, wie genießerisch die Freundin »Rhinozeros« gesagt, sich wie ein Kind an diesem Wort erfreut und das Tier nicht einfach »Nashorn« genannt hatte.

Man hatte sie beide angestarrt, einige Fahrgäste hatten gelächelt, andere spöttisch den Mund verzogen, sie aber hatten weiter diskutiert, wobei sie beide darauf achtgaben, nicht nur klug, sondern auch schön zu sprechen. Es war, als ob die Schönheit ihrer Leiber ihren Worten gleichsam Schönheit abpresste, und das unterschied die Treffen von den Diskussionen in den Seminaren, machte sie aufregend und sie einander sonderbar nah.

Sie fühlte den Stoff der gummierten Hose kalt und schwer an sich herabhängen. Er saß nun am Rechner und klickte sich auf der Seite seines Fußballklubs durch sämtliche Berichte. Am Wochenende zu arbeiten, verbot die Unternehmensphilosophie, es gab also nichts, hinter dem er sich hätte verstecken können, und das Finale, das sie sich gemeinsam ansehen wollten, würde erst in ein paar Stunden beginnen. Das Computerspiel, das sie den Morgen über gespielt hatte, hatte er gestoppt und beiseitegeklickt. Sie spielte häufig und aß währenddessen, und wenn er sie dabei ertappte, bedachte sie ihn mit einem raschen Blick. Immer hoffte sie, dass er den Ausdruck in ihren Augen als Kälte oder Verachtung empfand, ihn nicht als den Schmutz erkannte, der er war.

Sie dachte daran, wie er beim Umzug, als sie die Sachen aus ihrer Wohnung geholt hatten, das Bett von der Wand fortgerückt hatte und ihm der verstaubte, mit Schaumstoff und Klebeband noch verstärkte Gummipenis vor die Füße gerollt war. Vom Flur aus hatte sie beobachtet, wie er in die Hocke ging, das Ungetüm betrachtete wie ein unansehnliches Tier, es nahm, in der Hand hin und her drehte, es schließlich mit einer schnellen Bewegung im Müll entsorgte.

Auch jetzt beobachtete sie ihn und besah seinen schönen, runden Hinterkopf, der leblos an der Sofakante lehnte, und wieder fiel ihr ein, dass er nicht gekommen war. Sicher, es war kein großer Eingriff gewesen, eine kleine, mit Blut gefüllte Blase, die man aus ihrem Unterleib hatte entfernen müssen. Die anderen Trainees hatten ihn bewundert dafür, dass er für so etwas einen *timeslot* aus seinem von Terminen durchpunkteten Tag schnitt. Dann aber war doch etwas dazwischengekommen. Ja, es war kein großer Eingriff gewesen, aber es hatte sie verletzt, so wie alles, was er tat und nicht tat, sie verletzte.

Als klar war, dass er es nicht schaffen würde, hatte die Freundin darauf beharrt, an seiner Stelle kommen zu dürfen, und wirklich war sie dann nach der Operation lächelnd aus dem Wartezimmer zu ihr hereingetreten. Sogar nach Hause hatte die Freundin sie gebracht, und dass es sie verletzte, als sie sich bald schon verabschiedete, dafür verachtete sie erst die Freundin, dann sich selbst.

Dass er vielleicht einmal ein echter Berater sein würde, ein Partner gar, und nicht nur ein Trainee, der dies zu sein mit Beflissenheit probte, war ein Gedanke, der ihr unerträglich schien. So gern sie selbst dieses schwache, kranke Tier aus sich vertrieben hätte, so wenig Zustimmung wollte sie finden dafür, dass er sich umgab mit Personen, die alles, jedes nach Erfolg bemaßen. Er pflegte nun zu sagen, dass man mit Denken nur dann etwas bewirken könne, wenn man auch von Geld etwas verstand, und sie hatte ihm zwar nicht zugestimmt, sich aber gefügt. Gestern nun hatte er ihr erklären wollen, dass man an der »Spouse« die Qualität eines Mitarbeiters zu erkennen glaubte, und sie hatte erstmals ihre offene Abscheu gezeigt.

Er stand auf und ging an ihr vorbei zur Tür hinaus, sie verschränkte die Arme über der nackten Brust und fragte sich, ob man sie riechen konnte, ihre Vorliebe für Knoblauch, die schon am Morgen begann, den Alkohol des Vortags, der in ihrem Atem schwang. Sie hatte gehofft, dass der Witz der Aufmachung ihn versöhnlich stimmen würde, obwohl sie doch wusste, dass er Szenen wie diese als aufdringlich empfand. Sie schlüpfte aus den klebrigen Hosen und legte sich aufs Sofa, wo sie die Knie hochzog und den Kopf unter Kissen verbarg.

Am Abend dann hatten sie doch nicht gemeinsam Fußball geschaut, sondern er war zurück in die andere Stadt, in sein Büro gefahren, und dort blieb er, bis auf wenige knappe Telefonate, die Woche über unerreichbar für sie. Anfangs begnügte sie sich mit Getränken, die den Hunger, der sich durch alle Eingeweide fraß, umspülten, oder sie traf die Freundin, die sie mit traurigen oder vielleicht auch nur aufmerksamen Blicken studierte.

Als die Tage heißer wurden, zögerte sie nicht, mit anderen auszugehen. Sie konnte sicher sein, dass er keinerlei Argwohn zeigen würde, denn er machte sich nichts aus dieser Art Spiel. Wenn sie ihm abends am Telefon von den gemeinsamen Ausflügen erzählte, den Clubs, den Seen, dem Meer, schwieg er oder freute sich oder fragte höflich nach, wie dies und das gewesen sei.

Wann immer sie in der Sonne lag, dachte sie an seine warme Hand auf ihrem Rücken und fühlte die Leere, die dort jetzt war. Ihren letzten Sommer hatten sie gemeinsam an den Seen verbracht, sie hatten Texte diskutiert, die sie gerade lasen, Argumente hin und her gereicht, und sie hatte gespürt, wie es ihn beglückte, dass sie ihm in nichts unterlegen war. Einmal auch hatte er ihr aus den Minnegedichten vorgelesen, die er heimlich schrieb, sie hatten gelacht und sich an der seltsamen Sprache berauscht. Einige der altmodischen Wendungen hatten sich in ihrer beider Sprache geschlichen, und der Gedanke an dieses geheime, seltsame Band, das für sie stets Ausdruck ihrer Nähe gewesen war, trieb ihr Salz in die Augen.

Wenn das Wetter umschlug und es regnete, fuhr sie fort, die

Wohnung einzurichten. Bei jedem Erwachen am Morgen fürchtete sie, dass eines Tages alles an seinem Platz und sie ohne Aufgabe sein würde. Einzig den Kühlschrank ließ sie ausgeschaltet und leer.

Von einer durchtrunkenen Nacht, an die sie kaum Erinnerungen hatte, behielt sie eine Wunde am Knie zurück, ein verbranntes Stück Haut, so groß wie ein Geldstück. Als sie die Stelle am nächsten Morgen schmerzte, sprang sie auf und kramte einen Eisbeutel hervor. Sicher würde eine hässliche Narbe zurückbleiben, und sie fragte sich, ob sie es nicht vielleicht im Geheimen darauf anlegte, dass er sich für sie zu schämen begann und den Geschäftsurlaub doch noch absagte. Vielleicht ja war alles, was sie in letzter Zeit tat, der Angst geschuldet, vor seinen Kollegen zu stehen und keine Antwort zu wissen auf die Frage, was sie war.

Bisher war sie nicht mehr als eine Sekretärin, angestellt am Institut eines Professors, den die Fachwelt für seine fragwürdigen Thesen belächelte. In der Prüfung hatte er sie kaum zu Wort kommen lassen, ihr nur die zweitbeste Note gegeben. Er hatte sie der Arroganz bezichtigt, ihr vorgeworfen, eine Überlegenheit, ja, Gewissheit in der Stimme zu führen, die ihrem Alter nicht gemäß sei und dem Fach der Philosophie, das doch eine Demut vor dem Denken voraussetze, ebenfalls nicht. Er mochte sie, doch nie, da war sie sicher, würde sie mehr für ihn sein als die hübsche kleine Hilfskraft, und ja, wahrscheinlich würde sie auch nie etwas anderes sein. Wenn sie nicht darüber hätte nachdenken müssen, wie nieder ihre Tätigkeit war, dann hätte sie die Arbeit vielleicht sogar mögen können, das milde Fensterlicht, das auf den schweren alten Schreibtisch fiel, während sie dasaß und Ordnung in die chaotischen Papiere brachte, Texte korrigierte oder ganz umschrieb. Die Summe, die dafür allmonatlich auf ihrem Konto einging und um die sie immer froh gewesen war, sie schien ihr mit einem Mal lachhaft gering.

Mit aller Kraft presste sie den Eisbeutel gegen ihr Knie, lauwarm und weich glitschte das blaue Zeug in dem Plastiksack hin und her, doch war es ohnehin zu spät, als dass sich irgendetwas hätte lindern lassen.

Der Tag, auf den ihre Anreise fiel, konnte als sonnig gelten. Sie war pünktlich am Flughafen, auch er traf rechtzeitig ein. Die Möglichkeit, dass er direkt aus seiner Stadt und sie aus ihrer geflogen kam, hatte sie als unstatthaft von sich gewiesen.

Das Hotel roch nach Pfirsich. Überall strahlte und funkelte es, als müsste noch der kleinste Gegenstand hier die sieben Sterne bezeugen. Während er eincheckte, setzte sie sich auf eine Bank im Foyer und sah hinaus. Palmen standen um einen kreisrunden Pool, die um die Hotelanlage verlaufende Mauer war mit winzigen Mosaikplättchen verziert. Sie holte das Croissant hervor, das sie an Bord unangetastet gelassen hatte, und biss hinein. Er sah zu ihr hinüber, sie aber ließ die Brösel achtlos zu Boden gehen und registrierte fast schon amüsiert die Scham in seinem Gesicht.

Die Angestellte im Pagenkostüm, die an sie herantrat und ihnen die Koffer aus der Hand nahm, war noch kleiner als sie selbst, aber dazu zierlich, ein Püppchen. Kaum hatte das Mädchen das Zimmer verlassen, fauchte sie ihn an, was für ein Unternehmen das sei, das diese Knechtschaft billige.

Als Begrüßung stand ein Fußballspiel auf dem Programm, und während er sich zu den anderen Männern gesellte, hockte sie sich mit ihrem Buch an den Pool, wo sie ein erstes Getränk bestellte. Schon am Morgen hatte sie gewusst, dass sie es keine Stunde ohne Alkohol aushalten würde. Zum großen Dinner am Abend würde sie betrunken sein, es war ihr gleich. Sie schlürfte an ihrem Glas, in dem eine rote Flüssigkeit die herzförmigen Eiswürfel zum Schmelzen brachte, und zündete Zigarette um Zigarette an. Irgendwann kam ihr der Gedanke, dass die Frauen, die aufgereiht wie Perlhühner in den Liegestühlen hockten, ebenfalls Spouses sein mussten. Hastig verstöpselte sie die Ohren und stellte sich schlafend, wobei sie darauf achtete, dass ihre Hand die leuchtende Narbe am Knie verdeckt hielt. Die Vorkehrungen aber erwiesen sich als unnötig. Dabei fiel ihr ein, wie verwundert er ihr einmal erzählt hatte, dass die Menschen in diesem Bereich sich anständiger und höflicher betrugen als alle, die er sonst kannte, und wirklich, niemand hier suchte die Nähe eines anderen, selbst seine Blicke behielt eine jede bei sich.

Der Inhalt des Buches fand nur in Fetzen zu ihr empor, und sie trieb wie ein Boot im Nebel hinfort. Eine Nachricht der Freundin riss sie aus den Gedanken. *Rhinozeros*, las sie, *Unpaarhufer: Scheu, nachtaktiv, keine natürlichen Feinde. Bevorzugt Bambus, Elefantengras. – Hoden bei Männchen im Leibesinneren*, schrieb sie mit Lust am Unsinn zurück.

Als sie das Restaurant betrat, stellte sie fest, dass die Männer schon einiges getrunken hatten. Selbst er hatte sich nicht gescheut, das eine oder andere Bier zu verzehren, ein Zeichen, dass er sich wohl fühlte, und wie immer, wenn er getrunken hatte, leuchtete sein Gesicht weich und hell unter dem vollen Haar. Er umarmte sie kurz, zeigte dann auf die Tageszeitung, die er unter den Arm geklemmt trug. Als sie verstand, dass man dort den Tod des Palästinenserführers vermeldete, erschrak sie, kam sie sich seltsam ertappt vor, dass sie davon an einem Ort wie diesem erfuhr.

Das Kaufhaus, das die Firma zum Essen geladen hatte, gehörte zu den teuersten, vielleicht der Welt, und sie war bis zuletzt damit beschäftigt gewesen, eine Garderobe zu organisieren. Das Kleid, das sie trug, ließ den Rücken frei, und je mehr sie trank, desto sicherer wurde sie, nur der Name, »Arafat«, erklang als stummes, rätselhaftes Echo in ihr. Sie saß da, rauchte, straffte ihren Rücken, den sie selbst gerne gesehen hätte, wie er nackt im Kerzenlicht schimmern musste, und lauschte den Gesprächen, die darum kreisten, Ereignisse der Tagespolitik in Zahlen, Prognosen, Kauf- und Abstoßmanöver zu übersetzen. Sich mit den vielen Fachausdrücken vertraut zu machen, hatte sie sich geweigert, und so saß sie einfach still zwischen den anderen Spouses.

Dann schließlich begannen die Frauen damit, sich gegenseitig nach ihren Betätigungen zu fragen, und die Männer hörten, während sie weiterredeten, mit einem Ohr zu. Als sie an die Reihe kam, sprach sie das Wort »studieren« so schnell aus, als würde sie eine lästige Fliege vertreiben, »Philosophie« aber erklang lang, gedehnt, zu lang. Sie ärgerte sich, als sie das »Vieh« darin nachklingen hörte, jene Silbe, die der Freundin stets einen Grund zur Heiterkeit bot.

Am anderen Ende des Tisches wurde darüber gesprochen, was nun mit Arafats Millionen geschehen werde. Man verdächtigte ihn, Entwicklungsgelder eingestrichen zu haben, und wollte der Witwe, einer dicklichen, nichtsnutzigen Blondine, das Erbe, das, wie ein Trainee behauptete, ja allein aus Scheinfirmen und Auslandskonten bestände, aberkennen; nur dass man nicht wusste, wo das Geld geblieben war.

Noch während sie zu sprechen anhob, dachte sie, dass sie keine Diskussion beginnen dürfte, doch war das schöne Sprechen das Einzige, womit sie punkten konnte. Sie kramte in ihrem Gedächtnis, denn eigentlich auch wusste sie nicht viel über den Verstorbenen, und alles, was sie sagte, klang mäusisch und dumm.

Das Gespräch nahm eine andere Richtung, und erleichtert stellte sie fest, dass man über Fußball zu reden begann. Ihr Gesicht glühte und leuchtete, als sie die ersten wohlfeilen Prognosen formulierte, Analysen vergangener Spielverläufe, und dazu ihr glockiges Lachen lachte. Alle am Tisch lachten, und er lächelte stolz vor sich hin. Ihr war, als ob ihre Worte tanzten, sich wie von selbst formten, wie Vögel aufflatterten, und sie dachte, dies hätte die Freundin und ihr Rhinozeros sicher gefreut.

Irgendwann aber verstummte sie. Immer wieder sah sie kurz auf und versuchte ein Lächeln, sah dann wieder auf die festliche Tafel, still und sonderbar leer, wie die Gläser, deren Inhalte sie Zug um Zug in sich versenkt hatte. Der letzte Gang war serviert worden, sie hatte alles aufgegessen, wenn auch immerhin in der gebotenen Langsamkeit. Er bevorzugte ohnehin schnelle, günstige Mahlzeiten und brauchte diese Art Genuss so wenig, dass er ihr mit einem Mal fast bedauernswert schien. Sie sah zu ihm hinüber, er aber saß da, wie immer seltsam eins mit sich, mit dem, was ihn an Welt umgab.

Erst als man auf die Idee verfiel, einen Toast zu sprechen, erwachte sie aus sich. »Auf Arafat!«, rief sie. Wieso ihr gerade das eingefallen war, sie hätte es nicht zu sagen gewusst, beide verachteten sie doch die Leute, die sich die gemusterten Tücher um den Hals schlangen und einfache Floskeln nachsagten. Er hatte den Blick gesenkt, nach einem kurzen Zögern aber, in dem sich die Anwesenden mit Blicken zu verständigen schienen, prosteten silbrig funkelnde Gläser ihr zu. Noch in den Toast hinein sprang sie auf. Das Getränk ihrer Nachbarsspouse stürzte um, hastig tupfte sie mit der Serviette am Tischtuch herum, warf dann alles von sich und floh durch die Glastüren hinaus die Rolltreppen hinab.

Bald darauf fand sie sich verirrt zwischen Cremedosen und Flakons wieder. Bunt funkelten die Waren in den Regalen. Sie lief weiter und geriet zwischen Krawatten und Seidenschals. Erst als sie in der Feinkostabteilung des Kaufhauses zu stehen kam, sah, wie sich Pralinen und Oliven in Vitrinen räkelten, lachte sie und verstand, dass sie, sicher, wie eine Maus in die Falle gerät, an ihren Platz gelangt war.

Als sie erwachte, lag sie im Bett, jemand hatte die Jalousien heruntergelassen. Sie schob sie zur Seite und sah nach draußen auf den verlassenen Pool. Das Bett neben ihr war leer, sie schmeckte den tauben Geschmack auf der Zunge, den das nächtliche Essen darauf hinterlassen hatte. Schnell zog sie ein Kleid über, lief dann in Richtung Frühstücksraum davon.

Die Angestellten saßen an kleinen Tischen verteilt. Ihr war, als würde man ihren Blick absichtlich meiden. Sie ging zum Buffet, legte Ei und Speck auf den Teller und goss sich ein Glas Champagner ein. Eine Spouse setzte sich zu ihr. Als der Frau klar wurde, dass sie keinerlei Erinnerungen an die Nacht besaß, erklärte sie ihr mit gesenkter Stimme, dass der Kaufhausaufseher sie vom Plündern der Nahrungsmittel hatte abhalten müssen, sie aber hatte sich gewehrt. Er sei dazugekommen und hatte schlichten wollen, die beiden Männer seien in Streit geraten, es habe eine Schlägerei gegeben, ein Krankenwagen hatte kommen müssen, um ihn zu verarzten, wo er jetzt sei, wisse niemand.

Den Rest des Tages blieb sie im Zimmer, lag im Bett, wo sie versuchte, den Schmerz in ihrem Kopf zu zähmen, und wartete. Irgendwann stand er in der Tür, ging wortlos an ihr vorbei und suchte seine Sachen zusammen. Das Taxi, das sie zum Flughafen bringen würde, wartete bereits.

Zu Hause setzte sie sich vor den Rechner und gab zu arbeiten vor. Sie verfluchte die gemeinsame Wohnung, kämpfte damit, nicht unentwegt zu weinen beim Anblick seiner geschlossenen Zimmertür, hinter der noch immer unausgepackte Kartons gestapelt standen. Sie dachte an ihre Angst, dass sich die Kisten zu rasch leerten und sie beschäftigungslos sein würde, und daran, dass die Wohnung jetzt wohl niemals fertig werden würde. Sie saß da und klickte Dokumente auf und zu, schließlich ging sie zu ihm hinein und verabschiedete sich in die Bibliothek, wo sie, obwohl es erst Mittag war, ein Bier in der Cafeteria trank, die Blicke der Umsitzenden fühlte sie kaum.

Am Abend bestellte er sie in ein Café, sie kam zu früh, wollte die Zeit nutzen, im Geiste noch einmal für sich zu formulieren, ob es nicht gute Gründe gab, die ihn hätten überzeugen können, es weiter zu versuchen, aber sie wusste, dass alles vergeblich sein würde. Sie glaubte sich zu erinnern, dass sie ihn angeschrien hatte in dieser Nacht, was nur aus ihm geworden sei, Dichter habe er einmal werden wollen, nicht wahr, Minne, ausgerechnet, habe er zu schreiben versucht.

Als er zur verabredeten Zeit zur Tür hereinkam, weinte er bereits, und auch den Rest des Abends über hörte er nicht wieder auf. Seine Tränen beschämten sie, fielen in ihr nieder wie Licht, das sanft war und kühl, sehr kühl.

Nachdem er gegangen war, rief sie die Freundin an, und sie verabredeten sich in ihrer Bar. Der Kellner sah immer wieder wie strafend in ihre Richtung, sie setzte sich mit dem Rücken zu ihm. Lust, sich noch weiter zu betrinken, verspürte sie nicht, auch von den Oliven, die sie bestellten, aß sie kaum.

Als die Bar schloss und die Freundin sie mit auf die Straße hinauszog, ließ sie Luft durch die Lippen fahren und sah in den Himmel. In einer der Wolken glaubte sie ein Horn samt Kopf zu erkennen, in einer anderen vier massive Beine und dahinter ein gepanzertes Gesäß.

Aus einem Einfall heraus legten sie sich mit dem Rücken flach auf die Straße, die Arme und Beine weit von sich gestreckt. Der Pflasterstein, von der Tagessonne erhitzt, wärmte sie von unten, während über ihnen ein blass leuchtender Himmel schien.

Gerhild Steinbuch

Bürger

Ja, es fehlt ein Stück vom Glück.
Herr Rossi

Erwins schönstes Lächeln ist eine Reise wert. Unübersehbar prangt es zwischen Menschen, zwischen Büschen, prächtig übertrumpft es, was da sonst an Erwin ist. Vormittagssonne, elf Uhr, und die Erde unterm Ginster dampft, Erwin erwacht bereits zum zweiten Mal. Letzte Nacht: fein machen, vor die verglaste Lokalfront, ausharren, währenddessen die Zielperson dahinter an der Theke steht und von der anwesenden Männlichkeit begutachtet wird, jagdfreudige Gesichter. Die Männlichkeit versucht sich in Kontaktaufnahme, einer nach dem andren gesellt sich zu ihr, Verehrerparade, Erwin, draußen, wartet vergeblich, sie wieder an sich zu binden, der richtige Moment für seinen Auftritt will nicht kommen. Er wirft ein ums andere Erwinlächeln durch die Scheibe, später auch den lokalverlassenden Frauenfersen hinterher, Pfennigabsätze, Erwin folgt dem vertrauten schönen Schuhgeklapper durch die Nachtstadt, die Person gibt ein rasches Tempo vor, dass er sich zusammennehmen muss, um Schritt zu halten. Von der äußeren in eine innere Dunkelheit, die Musik ist laut und Erwin zufrieden, er sichert sich einen Stehplatz, von welchem aus er optimalen Einblick in die hampelnde Menge genießt, die Zielperson tanzt. Zuckende Arme, zitternde Beine, wenn man der viel zu raschen Person länger zusieht, dann passiert die Welt ringsum in Zeitlupe, Erwin versinkt in wohliger Wohlvertrautheit. Erwin sieht nur schlecht über die Gesellschaft hinweg, die, mal hier, mal dort, eine Mauer bildet, dass sein Lächeln nicht durchdringen kann zur Zielperson. Trotzdem harrt er einsam am Rande der Tanzfläche, um später sich sogar zurückzuziehen fürs Erste und die Gesellschaft Gesellschaft sein zu lassen und die Zielperson dann eben, wenns denn sein muss, einen Teil davon, Erwin kann schließlich warten. Zu guter Letzt wird man wieder gemeinsam sein, da ist er sich sicher, und er nimmt den Weg zu ihr nach Haus, er bezieht Stellung, er entschlummert, dann, erstes Erwachen: In den automatisch erleuchteten Eingangsbereich entlässt die Dunkelheit jene ersehnte Absatzform, die Erwin ein Lächeln ins Gesicht zaubert, da ist es wieder, breit und weich und warm und wunderschön, Erwin schiebt eine Hand aus dem Gestrüpp, das Leder glänzt, wenn er mit den Fingern drüberstreicht, da klemmt ja noch was im Schuh!, Erwin liebkost pflichtbewusst das von der langen Nacht geschwollene Bein, die viel zu rasche Person schreit, sie zieht und zerrt, Erwin schiebt sein Gesicht aus dem Blattwerk, der Schlag kommt unerwartet, Erwins Gesicht sinkt ins Erdreich, er entschlummert erneut und erwacht erst Stunden später wieder, jetzt ist es elf Uhr vormittags. Erwin wälzt sich auf den Straßenasphalt, um zu eruieren, was an ihm Erwin ist, was Pflanzen- und Tierwelt. Er lächelt dabei nicht, er schwitzt und plagt sich, die Sonne brennt, die Sonne lacht, Erwin missbilligt seine launige Konkurrenz, ächzend schiebt er einen Körper vorwärts Richtung Haus, der von der Hitze weicher wird mit jedem Schritt, der tropft auf den Asphalt, der zieht eine klebrige Spur zum Haus und ums Haus herum, Erwin, der das Missgeschick mit ansehen muss, flucht und ermahnt sich zur Kompaktheit. Ein offenes Fenster zum Garten erweckt Vorfreude und Eifersucht zugleich, weil: eindringen kann hier nur einer, Sonne oder Erwin, so viel ist klar, also, Frau, wer soll dein Herzblatt sein? Erwin hievt sich siegessicher aufs Fensterbrett, wer braucht schon eine Sommersonne, wenn er ein Erwinlächeln in Aussicht hat.

Im Jahr 1983: Das nackte Werbewunderkind hält eine himmelblaue Plastikwindel in die Luft und hockt auf einem blitzeweißen Teppich mit fröhlichem Gesicht. Dieses Wunderkinderlächeln ist eine Reise wert, Jungfrauen drängen in die Städte, wo die Plakatwände so groß sind wie Häuserfronten. Getrieben von der Hoffnung, dass der eigene Nachwuchs einst von ähnlicher Schönheit beschaffen sein könnte wie das windelige Werbekind, halten sie vor dessen mutmaßlich magischem Konterfei Ausschau nach potenziellen Vermehrungspartnern. Menschen werden geboren, Menschen werden befördert, die Wirtschaft freut sich, der Papst besucht dies schöne Land, zu segnen die seligen Familien. Das Wunderkinderlächeln soll ins Fernsehen und ins Kino, der Werbelächelnträger wird auf den Teppich vor die Kamera gehievt. Im Abseits, jedoch so nah, dass der mütterliche Leistungsdruck allgegenwärtig, steht die Erzeugerin und kaut nervös an ihren Fingernägeln, in ihrem Windschatten drängt sich eine Horde von Erziehungsberechtigten, die aufgebracht den eigenen Nachwuchs schaukeln, allzeit bereit, diesen vorzurücken auf Platz eins. Die Regie klatscht in die Hände, der Pulk verdichtet sich verbissen, und die Einsermama zieht ein breites Gesicht. Das Wunderkind tut es ihr gleich, trotzdem muss die Einstellung wiederholt werden, »Ruhe bitte dort hinten!«, macht nichts, denn dieses Lächeln ist jede Einstellung wert … Schließlich sitzt der Spot von einem Mundwinkel bis zum andren, das Wunderkind wird vom Teppich gehoben, da ist ein dunkler feuchter Fleck, die Mutter, außer sich, packt den Sohnemann am Haarflaum und:

Nase voraus in die Suppe. Als Klein Erwin wieder auftaucht, lächelt er sein schönstes Lächeln, es tropft von seiner Nase, die Werbemenschen zeigen sich schwer beeindruckt von so viel Professionalität und nicken sich wohlwollend zu.

Die Ordnungshüter packen an, einer links, einer rechts, »Bitte Vorsicht«, der Morgenmantelfrauenkörper zittert absatz- und umstandslos zur Seite, »Nein, ich kenne diesen Herrn nicht!«, und leiser: »Ach, Erwin«, Erwin kommt derweil hoch vom Teppich, aus dem Zimmer, aus dem Haus, »Mach dich nicht so schwer, Erwin«, in den Wagen, aus dem Stadtteil, »Noch ein Foto, Erwin, wo sind denn deine Zähne, Erwin?«, »Beim Busfahren verlorn«, »Quatsch, Erwin!«, »Die ham die Kinder in der letzten Reihe ausgeschlagen!«, »Ach, ist gut«, die Ordnungshüter setzen ein konspiratives Lächeln auf, Erwin lächelt zurück, »Bis bald, Erwin«, Autotür auf, Erwin raus, Türe zu. Auf dem Revier wedeln die Männer mit dem Foto herum und triumphieren. Weil dieser Erwin, der kommt schließlich zu den andren an die große Korkwand im Aufenthaltsraum, und wer noch keinen Erwin hat, der ist ein Versager.

Der Bus von West nach Ost nach West hält, sobald wer an der Straße steht und einen Arm in den Verkehr streckt. Den Westen soll man an sich meiden, aber der Bus fährt überallhin. Im Bus soll man die letzte Reihe meiden, die ist den Halbwüchsigen vorbehalten. Die erste Reihe ist dem ersten Fahrgast vorbehalten, der immer erste Fahrgast ist die Frau mit Wollknäuel im Gesicht. Wenn die Wollknäuelfrau spricht, wächst ihr ein Faden aus dem Mund, der sogleich verarbeitet wird: in einen Schal, in eine klitzekleine Mütze, Söckchen, in ein Kinderwestchen, einen Strampelanzug. Die Frau summt in der Sommerhitze und strickt das immerneue Garn in immerneue Kleinkindwinterkleidungskreationen. Aus dem Fenster sieht sie nicht, aber je ärmer die Gegend, desto leiser das Summen, desto lauter die Musik und die Geräusche von draußen, und im Osten, wo die Villen in die Berge wachsen, bohrt sich das Geklapper der Stricknadeln in jede angefangene Unterhaltung, in die angebahnten Gedanken und lädt sie sich schlaufenweise auf.

Man hat in Gehweite der Villen ein Einkaufszentrum errichtet, um der besseren Bevölkerung ein besseres Leben zu ermöglichen. Der hauseigene Lichtspielpalast zeigt mittags einen Trickfilm, der die kaufkräftige Klientel durch familiäre Entlastung zu größtmöglicher Zahlungsbereitschaft animieren soll. An diesem Tag erfreut sich der in zwei Ebenen gegliederte Saal ob des Badewetters nur spärlicher Belegung. Vereinzelt lümmeln Jungen und Mädchen zwischen vier und acht Jahren in den Sesseln, turnen auf der Brüstung des Balkons oder robben die Reihen entlang. Eine junge Frau, die schwanger ist, sitzt in Begleitung eines vielleicht siebenjährigen Mädchens in der ersten Reihe. Das Mädchen hat ein blaues Sommerkleid an und eine dünne glitzernde Nylonstrumpfhose, und die Frau krault ihm den Kopf; reizende Familienerscheinung. Im Laufe der Vorführung wird das Mädchen zunehmend unaufmerksam, immer wieder rutscht es auf der Sitzpolsterung hin und her. Als es beim Versuch, den Saal zu verlassen, vom zum Sicherheitspersonal abgestellten Studenten aufgegriffen und heulend an seinen Platz zurückgebracht wird, sagt die Frau: »Tut mir leid, sie ist sonst nicht so.« Nach der Vorstellung kauft die Frau dem Mädchen eine Limonade in der Flasche und sich auch, sie trinken, das Mädchen mit nassglitzernden Wangen und glitzerfreien bleichen Beinen. Vier Stunden und zwanzig verzweifelte Durchsagen später werden die Eltern, denen die Tochter abhanden kam im Gewühl, auf der Toilette des Lichtspielpalastes fündig. Dort hatte eine aufmerksame Einkäuferin das Mädchen mit dem blauen Kleid und dem nun auch blauen Gesicht – denn die Kälte, die kriecht von den nackten Fliesenfüßen unbeirrbar aufwärts – als vermisstes Mädchen mit dem blauen Kleid identifiziert und das Sicherheitspersonal alarmiert.

Was Erwin mag: Beobachtungen blasser Körper, fiktive gemeinsame Kurzbiographien, Fortsetzungsromane – auch in echt –, Märchenmotive, Fußgänger, schnelle Bewegungen betrachten und so einen Kopfschmerz, dass man nicht mehr weiß, was echt ist und was nicht. Außerdem: Gummibärchen als Zahnersatz und »Das Atomzeitalter – Vorhof zur Hölle« (DVD).

Erwin steht lauernd an der Bushaltestelle, Erwin liegt plötzlich an der Bushaltestelle, Gesichter schieben sich vors Tageslicht, der Mond ist aufgegangen, gleich ein Dutzend Mal, sie betrachten den zappelnden Erwinkäfer nicht uninteressiert, andere bedeuten der viel zu raschen Person, auf ihrem Weg umzukehren und den umgerannten Erwin mit Entschuldigungen zu entschädigen, dieser ist derweil bemüht, sein Lächeln zum eigenen Vorteil einzusetzen, er verzieht angestrengt den Mund, dass man ihn in die Senkrechte befördere, wird's bald, vielen Dank, aber zu spät: altbekannte Absatzfüße erklimmen bereits den anfahrenden Bus.

Die viel zu rasche Person erreicht humpelnd und in letzter Sekunde das angestrebte öffentliche Verkehrsmittel. Der Bus fährt an, die Hintertüre klemmt, die viel zu rasche Person reibt sich die blaugeschwollene linke Wade, Erwin hat sein Revier nächtens gründlich markiert. Aber innerhalb des Fahrzeugs fühlt sie sich sicher, und sicher humpelt sie den Gang entlang, da wächst ein Gesicht aus der gesichtslosen Masse, die in den Sitzen schläft, strickt, wartet, ein normales Bartgesicht an sich, trotzdem, die viel zu rasche Person fällt vor Schreck durch die offene Tür hinten aus dem Bus, und gleich ist der Mond wieder dutzendfach aufgegangen, hier am Straßenrand. Was die viel zu rasche Person nicht mag: mehrmaligen Kontakt und aneinander kleben bleiben.

Warum man später trotzdem wieder zueinander findet: zur selben Zeit am selben Ort, Herz voller Lebensrettungsphantasie und nichts Besseres vor.

Ein feiner Stoff, das ist die zweite Haut im Alltagsleben, die das Leben fernhält. Nachbarschaftlich wird mit Töpfen und Deckeln geklappert, draußen eine Luft, die sättigt beim Einatmen, die durch alle Ritzen will, alle Öffnungen, die immer dumpf an irgendwas erinnert, denkt Herr Martsch und erinnert sich dumpf an irgendwas, aber er kommt nicht dahinter, egal, Fenster zu, hier kommt jetzt nichts mehr rein, selbst schuld, wer dumm genug ist, das Haus zu verlassen in der Hitze, läuft ihnen halt die Suppe übers Gesicht, wandert durch die Poren, bis die Idioten voll davon sind und platzen – so denkt Herr Martsch in seiner straffen Körperfestung, die sich nie aufs Fensterbrett stützt oder durchs Glas späht, Herr Martsch beugt sich nie in irgendeine Welt außer in die eigne und auch damit ist jetzt Schluss. Unter der Dusche sorgsam das Haar gewaschen, zweimal shampooniert, nachgedacht, dann den Körper abgetastet mit dem gelben Seifenstück, bei den Zehen angefangen, wie sich das anfühlt, an manchen Tagen ist ihm alles neu. Das warme Wasser länger als notwendig verschwendet, Becken ausgewischt und die Fliesen getrocknet, an der Tür ein Zettel, »Spiegel!«, überlegt, den Spiegel abgehängt und mitgetragen ins einzige Zimmer, Spiegel abgestellt, nackt davor auf den Fußboden gehockt. Das fremde Gegenüber so lange betrachtet, bis sich Vertrautheit einstellt. Sich erinnert an Geplantes. Koffer gepackt, dürre, dumme, zitternde Hände, die Matratze an die Wand gelehnt. Bücherbedarf alphabetisch vorsortiert, die Mängelexemplare als solche gekennzeichnet. Kochnische menschelt nicht mehr, Töpfe ins Regal, alte Tasse in den Müll, Müll weggebracht, Briefe weggebracht, Postkarte gefunden unter den Rechnungen, beim richtigen Empfänger abgegeben, zum Abschluss die Hand gegeben, leeres, dummes Gesicht, Koffer mitgeschenkt, Wiedersehen, wieder hoch. Das Plastik knistert, wenn er mit dem Finger drüberfährt, er denkt dran, wie sich der Anzugstoff darunter auf der Haut anfühlen wird. Herr Martsch hat das Sterben beschlossen, und keiner da, der ihn davon abbringt, er stellt sich das so vor: Ein feiner Mann, so fein, wie einer sein kann. Der Mann hat einen Hochzeitsanzug an, so ein Stoff, der wird die zweite Haut im Alltagsleben, die hält das Leben fern und: hält einen fern, die schließt ein und ab, so lange, bis man nur noch ein sehr feiner Herr ist.

Was passieren wird: Am nächsten Morgen, in einem komischen Licht, sitzt ein Mann, der einen feinen Hochzeitsanzug trägt, an einer Bushaltestelle im Westen der Stadt. Die Sonne ist noch nicht aufgegangen, und er blutet aus dem Mund.

Vor den Menschen kommen die Autobusse, vor den Bussen kommen die Hunde. Sie stoßen die feuchten Schnauzen gegen Dosen, Plastiktüten, sie schieben ein paar graue Kiesel vor sich her, die dem Mann aus dem Mund rutschen. Ein Schulkind, das sich später zu ihm setzt, kneift ihn in die kalte alte Backe und lässt enttäuscht ab.

Erwin klammert sich an die viel zu rasche Person, er hält sich fest an ihrer schorfigen Hand, die sie ihm vergeblich zu entziehen versucht, abgestorbene Haut rieselt auf den Boden, Brotkrumen. Die viel zu rasche Person prescht vorwärts, sie schleift Erwin hinter sich her, noch mal kommt sie nicht davon, Erwin hat sich festgeklebt und wartet aufs Zusammenwachsen. Die Geschwindigkeit, mit der er übers Pflaster hinterherholpert, durch Parks, über Böschungen, Autobahnen, amüsiert ihn, der Kopf dröhnt angenehm, er ist zufrieden. Die viel zu rasche Person hält Kurs auf den Westen der Stadt, sie hofft, dass Erwin dort überfahren wird, überfallen und erschossen, und, ach, am besten sie gleich mit, sie hievt sich über einen Zaun aus Maschendraht, Erwin plumpst ihr frohen Mutes nach, diese schöne Reise ist ein Lächeln wert.

Auf der andren Seite stumme Stille. Holzbaracken, Blech und Müll, kaputte Autos, bewohnte Autos, Hunde, Pfützen, Löcher, Männer, Frauen, Kinder, die mit ihren Müttern um die Wette rauchen, alle stehen sie aufrecht und starr vor den Baracken, im Müll, auf den Autos, wie festgewachsen. Die viel zu rasche Person schiebt sich durch den Körperwald, ein zahnloses Mädchen bremst die Fluchtgeschwindigkeit, es lächelt Erwin an, der ihr sogleich aus Gummibärchen neue Zähne bastelt, »Willkommen«, sagt das Kind, die andren Körper regen sich, sie strecken ihre steif gewordenen Glieder, sie gähnen, sie sprechen, sie hupen aus den Autos und rufen in alle Löcher, Musik und Krach, man feiert ein Sommerfest, trinkt, raucht, lacht, man greift nach der viel zu raschen Person und dreht sie, man wirft sie von einem Autodach zum andren, tanzt, so schnell, dass Erwin das Nachsehen hat, die viel zu rasche Person wird herumgereicht, eine Trophäe, man fasst sich an den Händen, das Mädchen fasst sie an den Händen, das Mädchen hat ein interessantes Gesicht. Was die viel zu rasche Person mag: einmalige Begegnungen, sie zieht das Kind aus dem Tumult in eine Nische, sie entschleunigt, atmet aus, sie hält das Kind fest, hält ganz still, sie weint und merkt's nicht, der ruhige Zustand ist ein neuer Zustand für sie, er überrascht sie, und sie denkt: Vielleicht ist das der Anfang von was. Das Kind spuckt Gummibärchen in den Handteller, steckt sie sich danach wieder hastig in den Mund, schmatzt, schluckt, Zuckerwasser läuft sein Kinn abwärts, es verschwindet, die viel zu rasche Person fährt erwartungsvoll mit dem Abwarten fort.

Erwin schiebt sich hinter sie. Die schwüle Sommerluft pappt die zwei Körper aneinander. Die einstmals rasche Person arbeitet größtmöglichem Erwinabstand entgegen, aber es fehlt ihr an Geschwindigkeit. Erwin kommt ganz nah, weil jetzt das Zusammenwachsen beginnt. Die Person hofft, dass Erwin bald auf seine Kosten und zu einem Ende kommt. Sie stellt sich zur Ablenkung einen Wasserkocher vor, so groß wie ein Waschbecken, da steckt sie den Kopf rein. Ihre Vorstellungskraft ist unzureichend ausgeprägt. Danach macht sich Erwin die Hose wieder zu. Er umarmt sie. Sie stehen bloß so da. Sie warten. Nichts fängt an. Sie fassen sich an den Händen, zurück zum Fest, tanzen.

Im Dunkeln steht ein feiner Anzugmann am Straßenrand. Er sieht den vorbeifahrenden Bussen nach. Eine junge, schwangere Frau hält hilfsbereit ihren Arm in den Straßenverkehr, steigt dann aber keinesfalls ein. Der feine Mann steigt ein, erschrickt, der Bärtige lächelt. Die Halbwüchsigen in der letzten Reihe werden stumm, so einen Feinen haben sie noch nie gesehen. »Wo fahren wir hin?«, fragt der feine Mann, als er sich zwischen sie setzt. Die Grenzüberschreitung – unsere Reihe, unser Revier – macht die Jugendlichen sprachlos. »Westen«, sagt einer dann. »Schön«, sagt der feine Mann, »war noch nie da.«

Sechsundzwanzig Jahre früher besuchen zwei etwa siebenjährige beste Freundinnen das Kino im Zentrum der Stadt. Gezeigt wird ein Film über eine missglückte Dokumentation mit dem Namen »Die Wiedereinführung der Sommerzeit«: Ein Team soll das würdige Ereignis für die Nachwelt festhalten, scheitert jedoch an unterschiedlichen Definitionen des Zeitbegriffs, was zu einer Reihe von Verwechslungen, unglücklichen Lieben und Intrigen führt sowie das Projekt selbst zum Scheitern bringt, wobei aber schlussendlich die Privatheit durch eine spontane Kindesadoption doch noch dem Glück zugeführt wird. Die besten Freundinnen sitzen in der ersten Reihe. Vor der Vorstellung läuft ein Werbespot für Kinderwindeln, in dem ein Einjähriger breit in die Kamera grinst, »dieses Lächeln ist eine Reise wert«. Während der Vorstellung krault das eine Mädchen dem andren den Kopf. Es streichelt ihm den Bauch und schiebt Kinderfinger in die Strumpfhose der Spielgenossin. Als diese beim Versuch, den Saal zu verlassen, vom Sicherheitspersonal aufgegriffen wird, sagt die Freundin: »Tut mir leid, sie ist sonst nicht so.«

Zwei Wochen früher, können auch Monate sein oder Jahre, könnte auch gestern sein, bringt Herr Martsch den Müll runter. Er steht im Hof und muss sich plötzlich an der Tonne festhalten. Der prallgefüllte Plastiksack ruht – sorgfältig mit Bindfaden verschnürt – zwischen seinen Beinen. Oberkörper knickt nach vorne, strafft sich, knickt nach vorne, strafft sich, und so weiter, Oberschenkel zittern und Herr Martsch schlägt mit beiden Handflächen dagegen, er lässt zu diesem Zweck den Tonnenrand los, aua, Herr Martsch küsst den Asphalt, er kämpft sich hoch, Rücken zur Tonne, nachbarschaftlich wird mit Töpfen und Deckeln geklappert, und da schaut wer aus dem Fenster, Herr Martsch macht ein freundliches Gesicht, er hält die

Luft an, Herr Martsch hat ein Schweißgesicht, aus seinen Mundwinkeln sickert das gestrige Abendbrot. Der Körper, der durchlässiger ist als das Martschbewusstsein, erinnert sich an irgendwas und ist bemüht, diese Erinnerung, die nicht weiter von Bedeutung ist, deren Bedeutung darin liegt, dass sie eine Erinnerung ist, in den Martsch'schen Kopf zu zwingen, der Körper strengt sich an, krampft, sabbert, schluchzt und zittert. Aber Herrn Martschs Kopf ist ein Durcheinander. Dann einen Moment lang Ordnung. Dann ein leerer Raum. Im leeren Raum taucht ein Gesicht auf, zwei dünne Ärmchen packen Herrn Martsch, der sich an den Müllsack klammert, die viel zu rasche Person hievt ihn treppaufwärts in seine Wohnung, wo er erschöpft einschläft, träumend schmiegt er sich an diverse Abfallprodukte. Wenig später erwacht Herr Martsch, er tastet seinen Körper ab, an manchen Tagen ist ihm alles neu. In seiner Kochnische steht eine Frau, in Herrn Martschs Kochnische steht die viel zu rasche Person, Herr Martsch macht ein Schuljungengesicht, er weiß nicht, was die Frau hier tut, nie gesehen, oder doch, halt, kurz was erinnert, oder auch nicht – verlegen wischt er Müll von der Matratze. Die viel zu rasche Person stopft ihm das Kissen zurecht, so schnell in den Bewegungen, dass ihr Körper überall aufhört und anfängt gleichzeitig. Sie tänzelt durch ihren Arbeitstag, sie folgt der Choreographie von Herrn Martschs Alltag, sie folgt dabei dem ewig gleichen Ritual, und Herr Martsch, dem immer öfter alles neu ist, weiß davon nichts:

Eine viel zu rasche Person kocht Wasser auf der einzigen Herdplatte. Herr Martsch erhebt sich, um sie hinzuweisen auf das Vorhandensein des Wasserkochers. Er ist stolz darauf, dass er dieser Frau von Nutzen sein kann, und instruiert sie die Bedienung der Gerätschaft betreffend. Am Siedepunkt steckt die Person den rechten Arm hinein, der Mechanismus klickt, noch mal, dann die linke Seite, immer abwechselnd, Hummerarme.

Das Fenster beschlägt, könnte eigentlich der Anfang sein von was Schönem: Ein Mann und eine Frau in geschwisterlichem Abstand. Stehen bloß so da. Er atmet ihr in den Nacken. Sie berühren sich fast oder zufällig und dann nicht so zufällig. Zeitlupentanzen.

Dann bringt Herr Martsch leider den Müll runter. Und so weiter.

Nachts sitzt der bärtige Mann neben der Frau mit dem Wollknäuelmund im Autobus. Die Frau strickt eine Wagenladung klitzekleiner Söckchen, der Mann sagt (er wird dabei immer wieder unterbrochen vom erschrockenen Aufschrei eines Fahrgastes): »Ich hab diese blöde Liebe, die wird immer schwerer. Die muss irgendwohin. Hab mir also einen Hund gekauft, mich für Fußball begeistert, einen kleinen Garten angelegt auf dem Balkon, hab dicke Schulmädchen angelächelt, immer denselben Bus genommen mit denselben Menschen, bin zu Sonnenaufgang aufgestanden, erstes Licht ist schönstes Licht, hab ein Stück Regenwald gekauft, bin jetzt Pinguinpate, fleißiger Spender für irgendwelche Kinder irgendwo, das sogar mehrmals. Aber der Hund hat ins Bett gepisst, und Sport liegt mir nicht so, und Natur sowieso nicht, und Kinder stinken, und überhaupt schaut jeder und alles durch mich hindurch, also wenn mir einer ins Gesicht schaut, sieht er nichts oder sich oder Landschaft oder einen andren Menschen hinter mir, ganz verschwommen, und in den oder das verliebt er sich dann. Und mit dem Wissen geh ich also 'ne Zeit lang raus jeden Tag, und jeden Tag verlieben sich alle in irgendwas oder irgendwen hinter mir. Aber an einem Tag wird ihnen auf einmal schlecht, vom verschwommenen Sehen, und sie kriegen Angstgesichter, weil sie vielleicht kotzen müssen, und sie konzentrieren sich, dann sehn sie mich in der Gesamtheit, und sie erschrecken sich und sind angekommen im Alltag, lernen jemanden kennen oder auch nicht oder werden glücklich oder nicht und adoptieren ein Kind oder rächen sich an den Eltern oder arbeiten bis zum Umfallen oder schießen sich rechtzeitig in den Kopf, so was.«

Am nächsten Morgen liegt eine junge Frau im Krankenzimmer der Ärztin ihres Vertrauens. »Ein Mädchen«, sagt die Ärztin, später: »Bis in zwei Wochen.« Wieder im Vorzimmer, stopft die junge Frau das Ultraschallbild in ihre Handtasche, die aus allen Nähten platzt, über den Fußboden verteilen sich selbstgestrickte Söckchen, Mützchen, Fäustlinge für klitzekleine Hände. Die andren Frauen bücken sich, so gut sie können, sie gratulieren der peinlich Berührten zu Handarbeitslust und Energie. Nur ungern geben sie die Strickwaren ihrer Besitzerin zurück, schließlich geht der Sommer auch mal zu Ende.

»Kinder?«, sagt der bärtige Mann und starrt die Wagenladung Söckchen an. »Die sind für meine beste Freundin«, sagt die Wollknäuelfrau, und sie muss sich beeilen mit dem Stricken, Fahrgäste verheddern sich und kommen zu Fall.

Florian Kessler

Stahl

Eine Sprengmeisterin, nur wenige Minuten vor der Sprengung eines ehemaligen Stahlwerks, fand in einer der Schmelzhallen ein schlafendes Kind. Die Sprengmeisterin, von ihrem Weg hinaus aus der Gefahrenzone zurückgeprallt, fahl und verdutzt unter dem Kegellicht ihrer Helmlampe, stand starr und schaute auf das Kind hinab, beugte sich dann hastig und wollte es wachrütteln. Sie trug Arbeitshandschuhe, eine Art von Uniform, am Koppel ein Funkgerät mit zitternder Antenne. Das Kind lag als loses Bündel zwischen anderen Bündeln: Gitterdraht, Sperrgut, Reste. Die Sprengmeisterin berührte es, strich ihm langsam und zart mit einer Handschuhkuppe über die Schläfen, die Stirn, die Augen. Das Kind öffnete die Augen. Das Funkgerät am Koppel der Sprengmeisterin zischte auf, zischte noch einmal, schnarrte und wisperte dann etwas in das Dunkel der Halle hinein. Das Kind starrte nach oben, auf den tanzenden Lampenhelm der Sprengmeisterin, ihr blasses Gesicht darunter. Das Kind blinzelte. Das Kind schloss die Augen, rieb kurz noch und sanft seine Wange am Handschuh der Sprengmeisterin, gähnte und schien dann wieder einzuschlafen. Die Sprengmeisterin stand still und vorgebeugt. Die Sekunden rasten. Von fern her waren Sirenen zu hören, knisternde hastige Durchsagen an die Menge der Schaulustigen draußen vor dem Stahlwerk, an die aus den nächstgelegenen Reihenhäusern evakuierten Anwohner, an die Sprenghelfer und Rückbaukommandos. Die Sprengmeisterin schaute hinab auf das schlafende Kind, schwieg und liebkoste mit dem rauen Handschuh sein Gesicht, riss sich dann los, trat über den Schutt hinweg einen Schritt zurück, schaute auf den Leib hinunter, machte noch einen Schritt zurück, hob den linken Arm und hielt sich ihre Uhr nahe vor das Gesicht. Sie trug eine Digitaluhr, deren Ziffern sich zum Augenblick der Sprengung von Stahlwerk und Schmelzhalle vorfraßen, dem Kind und ihr blieb kaum noch Zeit, die Sprengmeisterin, im hüpfenden, zitternden Licht ihrer Helmlampe, versuchte kurz, auf der Uhr einzelne Sekunden im Blick zu behalten, einzelne Zahlenwerte und Augenblicke für sich genommen und konzentriert zu betrachten, aber vergeblich, nichts, keiner der Momente blieb, die Sprengmeisterin starrte auf die vergehenden Ziffern und dann wieder auf den Kindskörper vor sich im Schutt, das Funkgerät an ihrem Koppel knackte und wisperte, und hätte ich nah bei ihr gestanden, so hätte ich ihr Herz schlagen hören, laut und lächerlich in all seiner jagenden stolpernden Regelmäßigkeit. Aber ich stand nicht bei ihr, ich stand überhaupt nicht dort in der Halle. Ich stand draußen vor dem Stahlwerk in der Menge, ich trank Bier aus einem Pfandbecher, und erzählt hat mir die Sprengmeisterin das alles erst viel später, als der Sommer längst vergangen war. Damals, an unserem ersten gemeinsamen Tag, hatte es inmitten der Hitze schon seit dem Vormittag ein Festprogramm gegeben, Tänze, Darbietungen, Abschiedsansprachen der Ortsvereine, der Auffangorganisationen und ehemaligen Betriebsverbände. Die Menschen hatten sich alles gefallen lassen, sie waren matt und müde und das Stahlwerk ohnehin seit nun fast schon zwei Jahrzehnten geschlossen. Die paar letzten Grundschüler des Ortes hatten feierlich auf der Bühne Blei gegossen, schleppend und gequält hatte der die Werkssprengung moderierende Abgeordnete des Wahlkreises dem Publikum auf den Bierbänken die Bleistückchen beschrieben:

Ein Füllhorn, noch ein Füllhorn, noch ein Füllhorn voller Glück, drei Füllhörner und beim vierten hier wisse er auch nicht weiter, da sei das Blei nun wirklich zu zerlaufen, das sei einfach bloß zerlaufenes Blei, nicht mehr, aber zumindest auch nicht weniger. Danach war ein alter Stahlgießer auf die Bühne gerollt worden und hatte einen Lehrfilm zu kommentieren begonnen, der vor vielen Jahren und also lange vor der Amtszeit des Abgeordneten in den Stahlwerken des damaligen Staates gedreht worden war. Von den Bierbänken aus, wo ich zwischen den Anwohnern saß, meine Bockwurst im Brot, meine essbare Pommes frites-Schale schützend gegen das pralle Sommerlicht auf Kopfhöhe gehoben, zur Bühne blinzelnd, nur manchmal die halb hinter der Bühne verborgenen Ziegelhallen des Stahlwerks mit ihren Schloten, die Absperrungen und gusseisernen Laternen mit den alten, längst verblichenen Werbe- und Wahlplakaten daran betrachtend, hatte ich den stoßweisen schweren Sätzen des Gießers gelauscht, hatte zugehört, wie er den Vorgang der Stahlschmelze beschrieb: Man könne hier sehen, sagte er und krümmte die Faust in Richtung der Leinwand hinter sich, auf der etwas flimmerte, zu pulsieren, zu wabern schien, man könne hier sehen, dass der Stahl wandere, dass er ein Eigenleben führe. Der Ofen sei so heiß, die Schmelze verlaufe über so viele Tage hinweg, dass man dem Stahl Raum geben müsse, Raum zum Wachsen, falls er wachsen wolle. Manchmal liegt der Stahl nämlich auch ganz still. Er köchelt dann. Er wartet ab, er denkt sich seinen Teil, er schläft ein wenig. Und dann, plötzlich, irgendwann, von einem Tag auf den anderen, kocht er hoch. Er wandert dann, er wächst, er macht Geräusche. Er atmet, ganz laut. Man kann ihn hören, das muss die Hitze sein, ein Stöhnen, ein Saugen, er atmet, er kämpft um Luft. Er will sich freikämpfen, Raum gewinnen, am liebsten alles ausfüllen, unter keinen Umständen abgelöscht werden, unter keinen Umständen zu Ende gehen. Er brüllt, manchmal brüllt er sogar. Der alte Gießer schüttelte die Faust, zerrte an seinem Rollstuhl. Hinter ihm im Lehrfilm wechselten hell auf hell stumme, flache Bilder, brodelte und kochte der vor Jahren wieder erkaltete, längst schon in Form gegossene und abgelöschte Stahl. Der alte Gießer lachte schwer, betrachtete das Mikrophon direkt vor sich, sprach dann direkt in das Mikrophon hinein: Man kann nicht mehr, verbesserte er sich, man konnte den Stahl hören, und dann, mühsam, dabei den Kopf zu den ragenden Umrissen des Abgeordneten und der Grundschüler am Bühnenrand wendend, als hätte er es auswendig gelernt: Das muss die Hitze gewesen sein, das war heiß damals, das war so heiß wie heute hier an diesem Sommertag, bloß damals war das Arbeit. Das war Arbeit, das Stöhnen, das Saugen. Der Stahl hat geatmet. Und wieder Sekunden später, er saß jetzt gekrümmt, hielt die Faust starr und wie leblos in die Höhe: So heiß wie heute war das damals, als der Stahl nicht zu Ende gehen wollte. Er hat um Luft gekämpft, er hat sich freikämpfen wollen, und manchmal hat er gebrüllt, damals, als wir noch Stahl gegossen haben. Er blickte hinüber auf den Abgeordneten und die Grundschulkinder, die jedes eine Hand nach vorn gestreckt hielten und darin vorsichtig, als seien sie wertvoll, ihre Bleiklumpen bargen. Der Abgeordnete sagte nichts, in den grellen Sonnenstrahlen waren nur seine Umrisse zu erkennen, er klopfte, patschte einem der Kinder auf den Scheitel, tat für das Publikum so, als würde er es streicheln, wedelte dann nach einiger Zeit gereizt so lange in Richtung der Technik, bis schließlich Musik eingespielt wurde, Radio, damit der Lehrfilm unterbrochen und der verstummte, erstarrte Gießer in seinem Stuhl von der Bühne weggeholt werden konnte. Den Gießer beobachtete ich dann später, als die Bühne bereits abgebaut wurde, wie er weit hinten in der Menge der Schaulustigen auf die Sprengung wartete, still auf die Hintern und Hüften vor sich starrend, zwischen die eigenen Schenkel einen

Bierbecher geklemmt, über dem er seine Hand von Zeit zu Zeit mechanisch zur Faust ballte, schweigend, massiv, wie in sich verkantet. Ich beobachtete ihn, hielt mich aber nicht weiter mit ihm auf, drängte weiter, umrundete die Wartenden, schweifte hinter die Bühne, wo im Schatten bei ihren auf Ikea-Tischen aufgebauten Mischpulten, ihren Kabeln und Boxen, die Bühnentechniker saßen und rauchten, stand kurz bei ihnen und versuchte, sie auszufragen: Abfall, sagte der Obertechniker und deutete auf den Hauptgewinn der für später ausgelobten Tombola, ein hohes pinkes Damenfahrrad, das mit roter Schleife und lila Plastikrosen am Lenker gegen einen Stapel Euro-Paletten lehnte, Abfall, guck dir den Rahmen an, die Form, so formt man das doch nicht, das soll auch nicht modern sein, das ist Abfall, das ist verbogen, das ist entweder verbogen oder modern, vom neuen Einkaufszentrum ist das gestiftet, und wie vom neuen Einkaufszentrum gestiftet sieht das auch aus. Er selbst habe erstens nie im Stahlwerk gearbeitet und sei zweitens schon gar nicht und grundsätzlich nicht traurig, auf den Baugrund käme jetzt eben etwas Neues, mal gucken, was die sich als Nächstes Schlechtes für uns ausdenken, mal gucken, was denen diesmal für uns und ihren Baugrund einfällt. Auf jedem Baugrund musste früher ein Kind geopfert werden, eine schöne alte Geschichte, unter jeder Kathedrale, unter jeder Ritterburg liegt ein Kind vergraben oder wenigstens ein Kälbchen, als Opfer, für die Zukunft, damit alles seinen Gang geht, und genau dieser Gang führe jetzt schon seit zwanzig Jahren auf eine einzige gewaltige Schlachtbank zu, geopfert würden jetzt wir alle und nicht mehr bloß ein einzelnes Kind, hinein mit uns in die Schlachtzentrale, ab in das Einkaufszentrum, wir sind selbst die Auslegware, und dafür gibt es dann ganz viel Zukunft, immer mehr und immer schlechtere Zukunft, alles möglichst weit entfernt von früher, alles möglichst anders als vorhin im Lehrfilm. Ja, das sei richtig, der Lehrfilm sei überhell gewesen. Aber was das mit der Technik zu tun habe, das sei die Schuld der Moderation, der Moderator, der Abgeordnete, habe sich das ausgedacht, der Techniker winkte abfällig in Richtung einer Menschentraube, die sich dicht vor der Absperrung zu den Bauwagen der Sprenghelfer zusammenballte, blass und einsam stand dort im Mittelpunkt der Abgeordnete des Wahlkreises, lachte gerade nur mit dem Mund und schlug erst einem, dann noch einem seiner Nebenmänner mit abgezirkelten, steifen Bewegungen auf die Schulter. Für seine Moderation habe der Abgeordnete unbedingt einen alten Film zeigen wollen, der Erinnerung wegen, es sei um Erinnerung und nicht um Machbarkeit gegangen, was denn bitte die Technik gegen diese Sonne hätte ausrichten sollen? Gegen diesen Sommer hat das bisschen Erinnerung doch keine Chance, natürlich hat man bei dieser Sonne nichts vom Stahl sehen können, der Obertechniker schüttelte den Kopf, wandte sich von mir ab und prostete den anderen mit seinem Wasserglas zu, in dem, das sah ich erst jetzt, ein langer glitzernder Cocktail-Strohhalm steckte, den er zum Trinken nicht benutzte, der ihn beim Trinken störte, ihm in die Wange stieß, ihn bei jedem Schluck den Kopf schwerfällig und ungeschickt zur Seite beugen ließ. Aber ich fragte nicht mehr nach dem Strohhalm, ich ging weiter, begutachtete wie zum Abschied Stahlwerk und Szenerie, bis zur Sprengung blieb damals noch vielleicht eine Stunde. Stunden, Minuten: Kurz nur vor der letzten heranrasenden Minute des Stahlwerks, inmitten der Schmelzhalle, schwankte die Sprengmeisterin, zögerte, die Digitaluhr vor dem Gesicht, das schlafende Kind im Schutt des aufgerissenen Bodens vor sich, ließ dann den Arm sinken und starrte über das Kind hinweg in die Leere hinein, in die früher die Hochöfen geragt hatten. Das Kind lag einfach da, schlief. Monate später, im Winter, bei Regen draußen vor den Fenstern, hat die Sprengmeisterin mir erzählt, dass sie sich wegdrehte, dass sie versuchte, in der Schwärze die Tiefe des Hallenraums abzuschätzen, dabei dem Kind den Rücken zuwandte, dass sie den Lichthof betrachtete, der im Umbruch zur Eingangshalle zu erahnen war: Fahle, mäßige Lichtflecken, ein Abglanz des Volksfests unter der Mittagssonne draußen. Bald schon, gleich, würden sich die Wände aufbäumen und auf den Boden niedergehen, der einmal die Öfen getragen hatte, die Sprengmeisterin schaute zwischen Dunkel und Sprühlicht hin und her, schien das Kind hinter sich vergessen zu haben, bloß das Funkgerät an ihrem Koppel pochte noch leise, verstummte erst nach und nach und widerwillig. Schwärze, Schwärze, dann plötzlich wieder erste Lichtpunkte: Für die Sprengmeisterin begann auch abseits des Kegels ihrer Helmlampe das Dunkel der Halle zu glühen, was nicht zu sehen war, waberte sogar greller, farbiger als die Sonnenflecken von draußen: Rotschwarz, Rot, am Glühendsten, Schmelzendsten dort, wo Boden und Tiefe sich ineinander verloren, wo der Raum so leer wurde, dass sie sein Flimmern, sein Sausen auf der Netzhaut zu spüren meinte. Die tanzenden Formen der Schmelzhalle sahen nicht wie Arbeiter aus, erinnerten aber doch an Menschen, Schichten und Generationen von Menschen, zuckende Körper, die sich ausbreiteten, übergriffen, sprühend und wuchernd immer mehr Raum ausfüllten, fast schon alles und für immer einnehmen wollten. Die Sprengmeisterin, neben mir liegend, hat mir erzählt, dass sie taumelte, zögerte, bloß das Kind wachrütteln, mit ihm zum Ausgang gehen und die Sprengung abbrechen lassen musste, selbst wenn sie einfach inmitten des Glutbebens stehen blieb, würde nicht gesprengt, würde der Vorgang ausgesetzt oder zumindest um Stunden nach hinten verschoben werden. Aber sie wandte sich nicht nach dem Kind um. Damals, im Sommer, an unserem ersten Tag, noch bevor wir uns trafen, machte sie einen, dann noch einen Schritt auf den Ausgang zu, durchquerte dann einsam und blass unter ihrer Helmlampe das Tosen der Halle, ihr

Funkgerät schwieg, bloß von draußen war nun und immerzu das Auf und Ab der Sirenen und das rhythmische, erwartungsvolle Klatschen der Menge zu hören. Auch ich stand dort draußen vor der Halle, klatschte aber nicht, hielt bloß meinen leeren Pfandbecher und beobachtete die anderen Schaulustigen, die Sprenghelfer hinter ihrer Absperrung, den aufgeregten Abgeordneten. Zurück in der Halle, aber das hat die Sprengmeisterin nur mir erzählt, blieb allein das Kind und schlief, wurde auch draußen weder ausgerufen noch gesucht, bis zuletzt spielten die restlichen Grundschulkinder gemeinsam vor der Bühne, bewarfen sich mit den Hülsen der Tombola-Lose, durchwühlten die Haufen von Hülsen nach noch nicht eingerissenen und entwerteten Losen, schienen das Kind nicht zu vermissen und wurden selbst von den Ordnungskräften am Absperrzaun nicht weiter beachtet. Auf meinem Spaziergang vom Obertechniker zu den Bauwagen der Sprenghelfer stand ich kurz bei ihnen, versuchte, mit ihnen zu sprechen, sie nach den Besitzverhältnissen des Stahlwerks und seiner Geschichte zu befragen, aber die Kinder lachten nur, konnten nichts erklären, deuteten, als ich nach dem Abgeordneten fragte, bloß in seine Richtung, und als ich nach dem Stahlwerk fragte, weg von der Eingangshalle: Wohl in die Richtung ihrer Grundschule, wo ihnen vom Werk erzählt worden war. Hinter ihnen, wo das Absperrband um einen alten verschnörkelten Laternenpfahl geschlungen war, standen der Abgeordnete und die anderen Männer. Er verstummte, als ich mich ihm von den Kindern her näherte, sah mir auf eine Weise entgegen, die auch die anderen sich umdrehen ließ, sie waren zu sechst oder siebt, einer von ihnen, wohl eine Art Sekretär des Abgeordneten, brach das unbehagliche Schweigen, indem er fragte, ob ich ein Tourist sei, was ich hier suchen würde und wie ich den Weg hierher gefunden hätte. Heute, sagte er, zeigt sich die Gemeinde nicht von ihrer besten Seite, obwohl, er lachte, bei diesem Wetter und diesen Frauen, er wies unbestimmt in Richtung der Bierbänke, doch eigentlich alles gut für alle sein müsste, dennoch kein schöner Tag für unsere Gemeinde, schön, dass Sie den Weg gefunden haben hierher zu uns. Ich lachte ebenfalls, ich prostete dem Sekretär mit meinem leeren Becher zu, ich fragte zurück, ob die anderen und er Politiker seien, deutete wie zum Beweis auf das Wahlplakat, das über den Männern an der Laterne hing. Nur die beiden Männer direkt beim Abgeordneten trugen wie dieser einen Anzug, die nachfolgenden Sakkos, die äußersten Jeansjacken, eine Wanderweste, einen Rollkragenpullover ähnlich dem, den über ihnen auf dem ausgeblichenen, leicht gewellten Wahlplakat die Frau trug, die dort neben dem Abgeordneten posierte und, eng an ihn geschmiegt, in ein verschwommenes Ungefähr schaute. Die Frau: Ich wurde, habe ich ihr in diesem Winter erzählt, sofort auf sie aufmerksam, ich zeigte auf das Plakat, ich fragte, wer diese Frau sei, ob das etwa die Frau des Abgeordneten sei, ob also der Abgeordnete mit dieser Frau verheiratet sei. Das war, habe ich ihr, neben ihr liegend, bei Regen draußen, gesagt, im August, es ist Monate her, der Sommer ist längst schon vergangen, damals, auf meinem Ausflug, wirkte der Abgeordnete irritiert, schien mich nicht einschätzen zu können, mit einer raschen, harten Bewegung fasste er seinen Sekretär am Oberarm, schob ihn zwischen sich und mich, drehte ihn dabei so, dass er mehr ihn als mich betrachtete, begann dann eher zum Sekretär als zu mir lange vor sich hin zu reden: Alle hier seien heute Touristen gewissermaßen, vom Anwohner zum Touristen, und das an nur einem Tag, was das bloß für ein Wetter sei, das sei ja wie für Touristen gemacht. Gerne mal umgucken, aber bitte nichts anstellen, kein Frauenraub, unterstehen Sie sich. Obwohl, er könne alles voll und ganz akzeptieren, manchmal seien auch grenzwertige Aktionen nötig. Grenzwertige Aktionen, harte Schnitte, auch und gerade bei solchem Jahrhundertwetter. Wenn man der

Region zu jedem Zeitpunkt helfen wolle, dürfe man zugunsten der Region zu keinem Zeitpunkt vor harten Schnitten zurückschrecken. Ich stehe voll hinter meiner Entscheidung. Die ganze Region steht voll hinter der von ihr selbst getroffenen Entscheidung. Dass meine Frau den Auftrag erhalten hat, freut mich natürlich, aber wichtiger ist mir die Region. Es gibt keine Vermischung. Wenn beide Seiten gar keine Interessen vertreten, können die Interessen auch nicht vermischt werden. Die Region gehe vor, es gehe nur um die Region, der Wandel sei unvermeidlich, er liebe seine Frau, seine Frau habe einen ordnungsgemäßen Antrag an das Bundesland gestellt. Das hat schon alles seine Richtigkeit. Man kann sich nicht aussuchen, mit wem man verheiratet ist. Meine Frau und ihre Firma: Sie reißt ab, was keine Zukunft mehr hat, und ich überlege mir dann danach, was eine Zukunft haben könnte. Das alles geht unter keinen Umständen Hand in Hand, das geht bloß Entscheidung für Entscheidung. Alles werde umgekrempelt, man müsse zupacken, die Region ähnle einem großen Zimmer, das dringend aufgeräumt werden müsse. Und da muss man eben auch mal etwas wegschmeißen. In diesem Sinne ist meine Frau eine Vertragspartnerin wie jede andere. Unsere Region ist unsere Zukunft. Ich freue mich. Man muss sich immer weiter trennen können. Ich habe einen Baugrund geopfert, um einen Baugrund zu bekommen. Unsere Kinder sind unsere Zukunft. Es geht um den Stahl. Als meine Vorgänger auf den Stahl verzichtet haben, hat das dem Stahl insgesamt genützt. Ich liebe die Stahlindustrie. Die Menschen hier lieben immer noch die Stahlindustrie. Das ist schön. Das ist traurig. Man muss sich trennen können. Ich liebe meine Frau, meine Frau wird mir nie davonlaufen, natürlich bin ich traurig. Er lachte, dann lachte sein Männerkreis, dann lachte ich. Ich war aufgeregt, ich fragte noch einmal nach seiner Frau, die anderen rückten leicht von mir ab, ließen mich fragen, ich zeigte auf das Plakat, der Abgeordnete fixierte weiterhin seinen Sekretär, deutete nach einiger Zeit ebenfalls auf sein Wahlplakat, dann, kurz nur und flüchtig, auf das Stahlwerk hinter sich, sagte, da, da drin ist sie jetzt, was für ein Sommer, auf diesen Sommer muss doch einfach endlich die Zukunft folgen, da drin bereitet sie den Schnitt vor, sie bringt die Dinge zu Ende.

Luise Boege

Es

ist, wie bei mir, ein Mund an meinem Freund, mit dem er sagt. Mein Freund mag an mir, so sagt er, das theoretische Konstrukt. Was er aber vor allem mag, und darin besteht der Unterschied zwischen ihm und mir, sind Haut und elektronische Musik, er mag elektronische Musik, Haut und auch Abstraktes. Das bedeutet, sagt er, jeweils den Menschen hinter dem Mund und das Konstrukt jeweils hinter jedem Menschen.

Der Sommer hebt ihm die Gedanken. Er platzt jetzt vor Selbstbewusstsein.

Angeblich haben die dort, wo mein Freund tanzen geht, neue Maschinen, groß, farbig, stählern, dort wird hinter einem Fabrikgelände nämlich eine Landschaft aufgeschüttet, nur aus Schrott, ganz rasch, für diesen Sommer noch, irre, und das sollte mich doch interessieren, dieses ganze Gelände, das sei doch etwas für mich, und überhaupt, wie auch die elektronische Musik frei von Mündern an Maschinen knüpfe, in der Theorie.

Daran könne man, sagt mein Freund, sich gar nicht, niemals nie, satt genießen, das sei die Mode dieser Jahreszeit, und schuld seien freilich allein so magische Lichtverhältnisse der Morgenstunden sowie das naive oder, je nachdem, hinterlistige

Vermögen der Menschen hinter diesen, na, Dings, ja, früher bist du jedenfalls dabei gewesen!

Und es klingt noch so betrunken von dieser ganzen Zeit.

Aber außerdem, schmeichelt mein Freund, kichernd und aus dem Hörer des armen Telefons heraus mir zu, aber außerdem davon abgesehen! Das sei ja so ein irrer, so ein inwendiger und auch inwendig in sich total irrer, irrer, irre verdrehter Gedanke, dass jemand zu den Gegenständen spricht.

Das ist falsch, sage ich, es ist nicht ganz richtig, die Gegenstände wenden sich an mich.

Denn an den Dingen ist, bildlich gesprochen, je ein kleiner Mund, der geht ihnen plötzlich, seit dieser Sommer da ist, häufig auf, und, bildlich, spricht –

Jaja. Und in den Morgenstunden, sagt wieder mein Freund, da trafen wir auch dieses arme Mädchen, und seither verstehe ich dich und wie alles zusammenhängt. Deine Bestimmung ist sicherlich die, wegen der Dings, aber auch wegen der Menschen, wegen des Mädchens, also quasi ein kleiner Schritt für jemanden wie dich, ein großer Schritt aber für die Leute und die Freunde der elektronischen Musik, von dir, wo du ja nicht mal tanzt, also genau genommen ginge es darum, dieses –

aber das Telefon leidet da gerade so am Strom und an der Kommunikation. Es sagt, es möchte einfach nur Plastik sein, trocken, sonnenbestäubt. Ich breche das Gespräch ab, und das Telefon steht nun im Sonnenlicht gut auf dem Teppich und ist Plastik und heiß. Was vorübergehend heilsam ist, für uns beide, das Telefon und –

nach der Afterhour kommt mein Freund an, mit seinem Mund, seinem Bier halt und seiner bunten Aufschrift auf der Brust. Er will mir wieder seine Gedanken sagen. Und ich lasse ihn herein in meinen sauberen Tag, den die Fenster mir stets in saubere Scheiben schneiden. Mein Freund ist froh. Das liegt am guten Wetter, an der Helligkeit, da wachsen wir ja alle aus unseren Depressionen heraus, froh bin auch ich, zumindest vordergründig. Aber unsere Gedanken sind halt hintergründig nicht aus Worten gemacht, und wir entfernen uns minütlich voneinander.

Mein Freund öffnet nun beispielsweise den Mund und sagt verträumt: Nun haben wir wieder die Stunden, stell dir das vor, alle zertanzt! Und, aha, es wurde gedacht dabei, und der Freund schwitzt. Pupillen stehen ihm groß und kugelrund unter der Stirn. Er hat einen Menschen dabei, den schiebt er gleich in die Mitte des Raumes, und er wispert auffällig: Nun frag einfach!

Und diese beide Menschen schwanken kurz in meinem Raum, halten sich gegenseitig wie Zusammengehörendes und knicken im Raum.

Es ist ein Mädchen, und es fängt sich. Es fängt sich und sagt nichts, der Mund bleibt fest zu. Es guckt sich stattdessen gefasst die Dinge mit den Augen an, als hätte man ihm vorher gesagt:

Tu halt, als würdest du die Dinge dort mögen, und sprich nicht, das wird nicht geschätzt.

Und ich sage, trotz all dieser Ärgernisse in meinem Raum und zwischen meinen Dingen, ich sage gastgeberhaft – denn es ist heut kein unfreundlicher, unbarmherziger Sommer, in dem wir uns kennenlernen – zu dem Mädchen, ich sage mit meinem losgelösten Mund, nein, der Sommer ist dazu vorgesehen, alles zusammenzuführen. Was nämlich nicht unwahr ist.

Ich steh da hinter dem Aquarium, Gott sei Dank!, und seitlich schneiden meine Fenster die Tage, bedächtig, Tag um Tag, denn das, sagen meine Fenster, sei ihre Aufgabe, in Scheiben, und dann steht noch das Telefon, mitten im Raum, und am Rand erst mein Freund, dann das Mädchen, guckend.

Mein Freund lacht, zusammenführen, aber was, aber was, nun sag es, du hast mir und den anderen doch vorhin von der Maschine erzählt, sagt er zu dem Mädchen. Das doch, mit der Maschine, als sei es von lebensnotwendiger Wichtigkeit! Aber lebensnotwendig, fügt er rasch hinzu, ist ja fast nichts heutzutage, nur das Licht und die elektronische Musik, aber selbst das schon ist Koketterie, nicht wahr!

Und er stößt das Mädchen, das da steht, an.

Und sagt gleich auch noch lachend, als sei das passend, seine eigenen Abgründe hinterdrein, neben meine Abgründe, die er zu wissen glaubt, die mit den Mündern und den Dingen, und neben die des Mädchens, das was da, angeblich den meinen benachbart, sein soll mit irgendeiner Maschine. Aber Abgründe sind ja nicht aus Worten, sondern tun sich, wie jedes Kind weiß, halt zwischen irgendwelchen Stühlen und Tapetenmustern auf, meinetwegen auch zu elektronischer Musik, und sind da, abgründig, und meinem Freund fällt plötzlich vor Lachen der Alkohol aus dem Mund auf den Teppich. Der Teppich kann nichts dafür. Und er wird übergangen.

Aber bei mir gibt es keine Musik, und ich werde selbst immer mehr zu einem Ding, sag ich, gleichsam mich verabschiedend, in das, was mein Freund für seine Gedanken und Abgründe hält, immer leiser und leiser werdend, hinein, bitte, lasst mich in –

aber das Mädchen öffnet das Fenster, und da schwillt der Tag herein, halt der ganze auf einmal, es wird auf ächzenden Gerüsten von Bauarbeitern mit Kofferradios draußen Frühstück eingenommen, es werden nebenbei die Häuser stabilisiert, etwas reißt die Straßen, etwas schüttet irgendwo Schrottberge auf. Es schreit draußen herum.

Und Partymucke fällt, Afterhour, Licht, elektronische Musik! Und die Fenster quietschen. Wie dumm, das Ganze wäre direkt lachhaft, wenn es ja nicht bereits kummervoll wäre. Und das Mädchen lehnt sich hinaus, zu dem Lärm, sich wohl irgendwohin sehnend, wie so Mädchen sind –

und wie die Gardinen da in den Raum wehen, als zöge etwas sie her. Und sie lächeln träge, ihr Wesen ist das Wesen der Lethargischen, sie selbst finden sich aber ausgesprochen melancholisch.

Mein Freund guckt das Mädchen von hinten an, das Mädchen guckt die Straße hinunter und ist zwischen Gardinen verschwunden.

Mein Freund sollte sich jetzt schlafen legen, rate ich ihm geistesgegenwärtig, der Tag ist bereits am heißesten und am hellsten, schon steht das Bier mittäglich im Kopf herum, unter der Bräune ist der Freund grün, das Wort geisteskrank wird auf einmal gezischt, und, theoretisch, und, Musik!

Ich bin halt auch erschöpft, und das Aquarium ist schön kühl. Das Aquarium ist schön. Das Aquarium badet innerlich schön still, und etwas wird auch die Erde wieder schließen, etwas wird die Bierflaschen schmelzen, etwas wird aus Altglas, aus

Weißglas und Grünglas Hellgrünglas für Aquarien und Perlweinflaschen mischen, einfach Glas, da bin ich mir sicher, ja, Glas ist ein schwieriges Thema für mich, und Münder –

mein Freund zeigt mit seinem Finger auf das Aquarium, wann kommen eigentlich endlich die Fische? Und der Finger ist speichelbehangen. Ich zeige mit meinem Finger zur Tür, und mein Finger ist trocken, und mein Freund wendet sich beleidigt zum Gehen, sein Mund ein Strich.

Ich entferne sogleich die Spuren dieses Freundes, denke, für meinen Freund muss ein neuer Begriff gefunden werden, für Mund muss ein neuer Begriff gefunden werden, für Gedanke und Abgrund. Ich rücke das Telefon gerade, ich staube das Aquarium ab. Ich kämme den Teppich um die Füße des Mädchens, das starr steht und die Hände ruhig auf dem Fensterbrett abgelegt hat. Seine Augen gucke ich gar nicht erst an, nur um seine Füße mache ich also ergeben eine ordentliche Umkreisung, denn ich plane, den Tag ordentlich zu verbringen, mit Teppich und Mustern, die in den Räumen hängen, die Dinge verlangen ja stets danach, sortiert zu werden.

Ich werde ein Geschäft anmelden, ein Büro aufmachen, sage ich in den Raum. Ich sehe das alles klar, ich bin hier der Einzige, der alles über- und in alles hineinblickt und zu dem es hinauf-, sogar, und zurückblickt und -spricht, so ist die Lage in Wirklichkeit, nur fehlen mir dazu die Worte, und das spreche ich mit meinem Mund klar in den Raum, ich sage es mehrmals am Tag, denn es ist ja ganz klar, das. Und ich sortiere Flaschen auf Regalbretter und Schrauben in Gläser, es geht mir gut. Der Sommer hebt mir die Gedanken.

Wie nennt sich wohl dieser Berufszweig, sagt sich das Mädchen jetzt, und ich antworte nicht und sehe beunruhigt, wie es Füße aus dem Kreis im Teppich, in dem es stehen soll, nun in den Raum hineinsetzt. Sprichst du mit allen Dingen oder nur mit manchen?, sagt es, und ich antworte nicht, ich kann mich nämlich nicht um alles kümmern, und es setzt seine Füße wieder zurück.

Das Mädchen hat aber, erfahre ich gleich sofort und ohne dass ich es möchte, Liebeskummer. Es seufzt wiederholt, seufzt unbegreiflich und abgründig, sich wiederfindend beschreibt es, mit wirrem Haar und Schatten von lethargischen Gardinen und Gerüsten und Staub auf dem rosa Hemdchen, das macht die Jahreszeit, und sagt, jaja, aber freilich, es käme gerade von einer Afterhour und sei zu einer anderen Afterhour unterwegs, jaja, mag sein, dass es dann wie jemand wirke, der zwischen Afterhours verloren gegangen sei, das sei aber nicht der Fakt, es möge eben gerne die elektronische Musik und auch, sagt es, die Töne selbst, nicht nur, den Blick senkend, die daran beteiligten Geräte!

Ich nicke und fürchte sehr, das Mädchen sei mit seinen winkenden Zaunpfählen im Mund in einer erzieherischen Mission meines Freundes unterwegs, dafür spräche auch die Farbe seines Hemdes. Ich nicke also und fürchte halt sehr, mein Freund tauche bald wieder hinter ihm auf, zertanzt, mit Bier und Kofferradio und Kaugummi und Aufschrift, Worte plappernd wie Nasenscheidewand, Dispositiv, Lebenslust. Worte, die, wie er glaubt, Dinge bezeichnen, Pappwert, Blattwerk, Blaupause, und die, ausgesprochen, die Menschen aneinanderkleben an ihren Klebestellen, Krankenhausgeruch, jaja, Beziehungsunfähigkeit, öffentliche Räume, Koketterie, über unüberbrückbaren Abgründen. Daran glaubt er wie an elektronische Musik.

Und du, sag ich dem Mädchen, glaubst ja schließlich auch an elektronische Musik. Worauf es leise und wiederholt versichert, mit dem habe es nichts zu tun, nichts habe es mit dem zu tun. Und der Asphalt werde geglättet werden, das Telefon gesunden, die Gardinen seien lethargisch, jaja, nichts habe es mit dem Freund zu tun, sagt es.

Es übergeht den Teppich und setzt sich auf einen komplizierten Stuhl und öffnet, wie zur Bestätigung seiner Beteuerungen, eine Bierflasche mit den Zähnen, was ihm allerdings hier kaum Respekt einbringt. Alle Münder schweigen beharrlich, und ich stehe hinter dem Aquarium, was die Situation in einer Balance hält, die ich gut ertragen kann. Ich wische mit dem Ärmel über die Scheibe und sehe durch das Wasser das Mädchen auf dem komplizierten Stuhl sitzen.

Animist, so hat dein Freund es genannt, sagt das Mädchen, das bist du. Ich sage nichts, durchquere behutsam den Raum und öffne den Schraubverschluss einer Whiskeyflasche, denn nur Schraubverschlüsse sagen mir nichts, und Animist sagt mir nichts. So sitzen wir, mit Mündern an uns dran, trinken, eine Abendsonne erglüht im Raum, der Wind fährt durch das Fenster und bringt leichte Unordnung in die Dinge, die in stiller Verzückung fiebern, würdest du jetzt bitte gehen, bitte geh jetzt, will ich, aber alle Münder schweigen, sagen, aber –

und mit den beats aus den Kofferradios der Bauarbeiter, die zusammenpacken, mit dem Geräusch von Metall auf Metall und dem Geräusch von trockenen Dingen, die auf die Straße fallen, Geräusche wie knackendes Unterholz, nah den Abgründen, kommt diese Afterhour wieder in Fahrt, und etwas bricht auf. Alle Münder, inklusive meinem, öffnen sich nun zu einem großen Stöhnen. Und wir sagen, wir seien müde von dem ganzen zerquollenen, aufgelassenen Tag. Und das Telefon kündigt sogar an zu sterben und –

schließlich, sagt das Mädchen, könne man ja auch nicht ewig so ausharren, zurückzudrehen und wieder in saubere Teile zu pressen ginge der Tag nun eh auch nicht mehr, dafür gelte es aber dringend, an dieser von ihm geliebten Maschine heute noch einen Mund zu finden, der endlich spräche, und das könne, soweit es informiert sei, nur ich. Es gelte also nun, die Straße entlangzugehen, an den Baustellen vorbei, unter Licht, es gelte, unbeirrt bis zu dem Fabrikgelände zu gelangen, wohinter Maschinen eine Landschaft errichteten, eine Sommerlandschaft, Sommermaschinen mit stolzen Gemütern und Gedanken, schöne Maschinen, die aus Müll –

ein kleiner Schritt für jemanden wie mich, ein großer Schritt für die Freunde der elektronischen Musik. Und schon schreiten wir auf warmem Asphalt. Wir steigen über Zäune, und hellgrünes Glas schneidet uns dabei die Hand –

denn etwas ist nicht in Ordnung mit ihm, und es sagt, jemand Böses habe grüne Flaschen in einen Container mit Weißglas geworfen, nun sei seine Seele zerstört. Und wir gehen auf Zehenspitzen über das Fabrikgelände zu Maschinen hin, die auf einem gewaltigen Areal stehen, und alles verstummt in der Abenddämmerung, alles ist beängstigend still.

Das ist sie, sagt das Mädchen, und legt ihre Hände auf den Stahl, die Maschine ist gelb und funktioniert alleine, ich weiß aber nicht, sagt es, wo ihr Anschaltknopf ist, könntest du das herausbekommen? Vorne befindet sich die Baggerschaufel, Stahlträger fahren sie aus, das Geräusch dabei ist das einer Hydraulikpumpe, und dazu knattert permanent der Ottomotor, wobei parallel hinten Müll in Würfel gepresst wird, eine Wanne im Innern schüttelt zuvor die Müllteile zurecht, kinderleicht, und dies ist ein kleines Förderband, dieses surrt, und zuletzt geben zwei Greifarme, an wiederum achtkantigen Schienen, diese Würfel an heiße Sommererde ab, der Takt geht kah-ta-bumm, kah-ta-bumm, es läuft alles ganz alleine. Das ist ein Rohr, in das gießt man Öl in sie hinein, dann läuft sie allein auf Kettenrädern, kräftig, pumpend, lächelnd –

aber jetzt ist sie still. Das Mädchen legt den Kopf auf den heißen Stahl, fragt sogar nach einer Zigarette. Ein übernächtigtes Mädchen und eine müde Maschine, sie ist noch warm, hinter einer Mauer mit hellgrünem, böse grinsendem Glas, stumm und tausendfach, geht die Sonne unter, keine Münder weit und breit, oder alle Münder schweigen, die dran sind an den Dingen, in diesem Sommer, nur etwas raschelt in dem Müll, sagt aber nichts, etwas raschelt bei den Kettenrädern der Maschine, die dumm steht, und gelb, von alleine läuft, tags, dummes Geraschel, und wieder Stille, es ist so, ich sage, so ist es.

Christiane Neudecker

Aber der Himmel

Ihr Blick verändert sich in dem Moment, in dem sie sich umdreht. Unter uns schwankt der Boden des Tretboots, wir schaukeln mit den leichten Wellenbewegungen auf und ab, das Süßwasser des Waldsees wirft tänzelnde Lichtreflexe. Am Inselufer hangelt sich ein Junge an einem tief hängenden Ast über die Wasserfläche, die dünnen Zweige wippen nach unter seinem abspringenden Gewicht. Weit vor uns landen gerade zwei Blessrallen und ritzen mit ihren Flossenfüßen das aufspritzende Wasser. Alles ist in Bewegung, aber sie, sie ist plötzlich so starr. Die Hand, mit der sie hinter sich greifen wollte – nach den zurechtgeschnittenen Melonenstücken, der Flasche mit der Limonade –, liegt still in der Luft, ihr sich rückwärts wendender Oberkörper hält mitten in der Drehbewegung inne, und die plötzlich stockenden Beine blockieren auch auf meiner Seite die Pedale.

Gerade noch hat sie mir von den Proben zu ihrem neuen Programm erzählt, Lieder von Marilyn Monroe, wir standen vorne am Bootssteg, als wir darauf zu sprechen kamen. Strahlend begann sie mir die Songtitel aufzuzählen, One Silver Dollar, Diamonds are a Girl's Best Friend, sie summte die ersten Takte der Melodien, während sich zwei junge Pärchen in tropfenden Badesachen an uns vorüberschoben – sorry, Ladies, wir wollen das Boot mit der Rutsche, macht euch doch nichts –, und dann fuhren wir, wir fuhren geradeaus, immer geradeaus, wir sangen und sangen, River of no Return, I Wanna be Loved by You, Heat Wave. Sie hat diese rauchige, diese nachklingende Stimme, ich weiß, dass sie eine wunderbare Marilyn sein wird, aber jetzt ist sie ganz stumm, ihr geöffneter Mund formt einen ungesprochenen Vokal. Und ich atme aus und wieder ein, ich lecke eine Schweißperle von meiner Oberlippe und beuge mich endlich zurück, um zu sehen, was sie sieht.

Die Gewitterfronten nähern sich uns aus drei Richtungen. Die Blitze flackern lautlos über den Horizont, sie durchschneiden die Luft über den Baumkronen, sie flirren durch den eindunkelnden Himmel, die sich auftürmende Wolkenwand spannt sich schon bis zu uns. Der Schnitt verläuft direkt über unseren Köpfen: eine scharfe Linie zwischen Schwarz und Blau, zwei klar voneinander abgegrenzte Halbkugelhälften, hinter uns dunkel, vor uns hell – und ich weiß schon jetzt, dass mir hinterher niemand glauben wird, dass wir nichts bemerkt haben.

Sie sieht mich jetzt an, ihre Pupillen sind auf einmal groß, dunkle Schächte inmitten der graublauen Augen, und ihre Stimme klingt noch tiefer als sonst. Das schaffen wir nicht zurück, sagt sie, niemals. Und sie hat recht, natürlich hat sie recht, wir sind ja geradeaus gefahren, immer geradeaus auf diesem endlosen See, wir wollten singend die Insel umrunden, gegen den Uhrzeigersinn, seit einer Stunde sind wir sicher schon auf dem Wasser, und wenn wir jetzt wenden, wenn wir wirklich versuchen wollen, zurück zum Bootssteg zu kommen, dann fahren wir auf das Gewitter zu, direkt in die zuckenden Blitze hinein.

Ruckartig wenden wir uns voneinander ab, sie sieht zur Insel, ich zum Ufer, mein Blick fliegt über die Baumstämme, über das Gestrüpp am Wasserrand. Ich suche nach Lücken, nach Lichtungen, aber dieser See ist umschlossen von Bäumen. Vorhin sind wir vom Parkplatz aus durch den sonnendurchfluteten Wald gelaufen, wir haben mit unseren Fußspitzen die Steine vom Moosboden gekickt, und ich habe ihr von den Träumen erzählt, von dem Mann, den ich so sehr vermisse, von der Nässe auf meinem Gesicht, mit der ich noch immer aus dem Schlaf schrecke, jede Nacht zur gleichen Zeit.

Dass man im Unwetter eine Ebene suchen soll, erinnere ich mich, ein offenes Feld. Weiden meiden, Buchen suchen – oder war es anders, denke ich und suche und suche nach einer Freistelle zwischen der nahtlosen Baumfront, anders war das, aber wie: Buchen suchen, Eichen weichen und Wasser, ja, Wasserflächen ziehen Blitze an. Und ich drehe mich zurück zu ihr, die mir ihren Rücken zukehrt, ihren Hinterkopf mit dem blonden, welligen Haar, ihren schmalen, noch frühlingsbleichen Rücken. Sie hat sich der Insel entgegengebeugt, ihr Oberkörper lehnt über dem Bootsrand, schwebt fast über dem Wasser, auch sie sucht, sucht vergeblich, denn auch die Insel ist bewaldet, die Nadelbäume ziehen sich über einen Hügel aufwärts und bilden oben auf der Anhöhe einen struppigen, ausfransenden Kamm.

Es donnert. Vorhin ist es so still gewesen, viel zu still, die Jubelrufe und Kinderschreie aus dem weit zurückliegenden Waldbad waren ja längst verstummt. Aber jetzt: dieses Donnern. Gleichzeitig zucken wir zusammen, wir schrecken hoch, sie fährt herum, sieht mich an, unsere Worte fallen uns durcheinander, Insel, nein, weil – ja, die Höhe, und das Ufer, doch, zu weit, die Baumwipfel, die Bäume, aber das Wasser, das Wasser, trotzdem: den Rückweg, ja? – versuchen.

Wir zerren an der Steuerstange, sie zieht ihren knallroten, blumenbesprenkelten Sommerrock bis zur Hüfte hoch, bessere Beinfreiheit, mein Fuß krampft im Turnschuh, wir drehen das Tretboot gegen unsere bisherige Fahrtrichtung, und dann stemmen wir uns in die Pedale. Wir treten und treten, aber es ist die Bewegung, die in Albträumen vorkommt, das stehende

Gehen, wir beschleunigen und kommen doch nicht vorwärts, denn jetzt ist da der Wind. Er fährt über die Wasserfläche auf uns zu, ein Rauschen liegt plötzlich in der Luft, die tief fliegenden Vögel schleudern aus ihrer Flugbahn, und auf der Insel beginnen die Bäume einen biegenden Tanz. Wir halten gegen, wir recken unsere Gesichter in den Sturm, unsere Haare flattern, die Schaufelblätter drehen durch, wir legen alle Kraft in unsere strampelnden, kreisenden Füße, aber wir kommen nicht vorwärts, wir rennen und rennen und bewegen uns gar nicht vom Fleck. Mein Fuß krampft jetzt wieder, der Schmerz schießt mir in die Sehnen, ich kann nicht mehr auftreten, mein Knie knickt ein, ich fluche, der Fuß rutscht mir vom Pedal, und ich beiße mir auf die Lippen. Ganz ruhig, sagt sie da und legt mir eine Hand auf die Schulter, ganz ruhig, komm: Stell dich erst mal hin.

Ich versuche zu lächeln, während ich mich aufrichte und mich taumelnd auf den wippenden Plastiksitz stelle. Schwankend stehe ich über der Wasserfläche, ich sehe zu, wie sie sich kräuselt und verwirbelt, wie sich unter mir das Boot hebt und senkt. Ich höre das Donnern, das jetzt näher kommt und gar nicht mehr aufhören will, und verlagere mein Gewicht zwischen Fußballen und Ferse hin und her.

Den Mann am Inselufer entdecken wir, als der Schmerz nachlässt und ich mich wieder setzen will. Nackt steht er im Wasser, er winkt, er ruft. Ich gleite in den Sitz, und wir treten, wir halten auf ihn zu, bis wir ihn verstehen. Das Wasser, ruft er, ihr müsst vom Wasser runter, schnell.

Marilyn nickt neben mir, lass uns anlegen, sagt sie. Ihre Knöchel an der fest verkrampften Steuerhand sind schon ganz weiß. Und auch ich nicke, ja, anlegen, unbedingt. Ich will nicht zugeben müssen, dass mein Fuß schon wieder krampft, dass ich es so nicht zum Bootsverleih zurückschaffen würde, niemals. Das Ziehen ist kaum zu ertragen, ich krümme mich vor und spüre die Wut in mir aufsteigen, ich kann nicht glauben, dass mich mein Körper in so einem Moment im Stich lässt.

Der Mann pflügt sich durch das Wasser zu uns. Bis zum Brustkorb schwappen die Wellen an ihm hoch, er lacht und greift nach unserem Bug und schiebt uns auf eine kleine Bucht zu. Sein Rücken ist braun gebrannt, der Nacken wulstig, die kurz geschorenen Haare am Hinterkopf glitzern sonnengebleicht. Etwa fünfzig Jahre wird er wohl alt sein, sein Gesicht ist ein wenig verquollen, er hat die aufgeplusterten Bäckchen eines Trinkers. Seine Stimme ist laut, noch immer ruft er, als trieben wir ganz entfernt von ihm auf dem Wasser herum und könnten ihn kaum hören. Wo wolltet ihr denn jetzt hin, ruft er und: So hübsche Frauen bläst mir der Sturm zu.

Marilyn legt den Kopf schief und lächelt ihn an, auf ihrer linken Wange hüpft das Muttermal in ihr Lachgrübchen. Sie antwortet dem Mann etwas, das ich im Wind nicht verstehe, und dann sind wir endlich am Ufer und schleifen das Boot an Land. Etwas springt in meinem Kopf um, als ich den Boden berühre, ich spüre Gras und Zweige unter meinen Füßen und bin plötzlich so pflichtbewusst wie nie. Dass wir den Bootsverleiher verständigen müssen, höre ich mich sagen, wir müssen ihm mitteilen, dass wir später kommen werden. Ganz geschäftig werde ich, während ich meine Tasche aus dem Boot herausangle: irgendwo auf der Insel gibt es, sage ich, einen Campingplatz mitten im Wald – dort könnten wir uns unterstellen und die Telefonnummer des Verleihers erfragen. Schon will ich losgehen, will die Anhöhe erklimmen, aber da donnert es wieder, und ich spüre eine kalte Hand auf meinem Arm. Nicht aufwärts, sagt Marilyn, nicht in die Höhe, lass uns hierbleiben.

Ich halte inne, will argumentieren: aber das Boot, wir müssen Bescheid geben, der Verleiher hat ja meinen Personalausweis – doch etwas hält mich zurück, ich ahne schon, dass ich später nicht mehr begreifen können werde, wie ich auf solche Gedanken kam. Und es ist ja auch unwichtig, dieses Boot, natürlich völlig unwichtig, denn das Donnern kommt näher, der Himmel zerspringt, der Wind rüttelt an unseren Körpern, und wir halten uns an den Händen und sehen uns um.

Vor uns steigt eine kleine Lichtung an. Sie ist umrandet von den Bäumen am Wasser und dem Wald, der sich anhebt, der sich aufwärts zieht bis hoch zu einem mit Sand bestreuten Weg. Gerade hangelt sich der Nackte aufwärts, auf halber Höhe hat er unter einem der Bäume sein Fahrrad abgestellt und seine Kleidung ausgebreitet, er kramt jetzt im Fahrradkorb herum und dreht sich dann zu uns. Zwei grüne Birnen hält er in den Händen, er streckt sie uns entgegen, ruft: Kann ich euch das anbieten. Und wir müssen lachen, als wir ihn da stehen sehen – seine Nacktheit, die Früchte –, und ich rufe ihm zu, ob sich das nicht anders gehöre und die Frau dem Mann den Apfel?

Lass uns hierbleiben, sagt Marilyn noch einmal und drückt meine Hand. Und ich nicke, und wir steigen aufwärts, den Wind im Rücken, und kauern uns mitten auf der Lichtung ins sommertrockene Gras. Wir halten Abstand zu den Bäumen und zum Wasser, wir ducken uns in die Wiese hinein, und auch zu dem Nackten, der enttäuscht eine der Birnen weglegt und krachend in die andere beißt, halten wir Distanz. Wir sind auf offener Fläche, mehr können wir gerade nicht tun, denke ich, wir müssen jetzt nur ruhig bleiben, müssen uns ablenken.

Wirst du eine Perücke tragen, frage ich sie. Sie streicht sich über das blonde Haar, dessen vordere Strähnen sie immer mit einer Spange nach hinten klammert, sie lächelt wieder, sie weiß, was ich da versuche, und sagt dann: Ja, werde ich, und ich werde sie abnehmen, irgendwann, mitten in einem der Lieder. Und das Kleid, will ich wissen, das weiße Kleid von Marilyn über dem Luftschacht – aber dann bricht der Regen los. Die kalten

Tropfen stürzen aus den Wolken, sie peitschen auf unsere Körper, laufen über unsere Haut, saugen sich in den Stoff unserer Kleidung, und ich merke, dass ich überrascht bin, dass ich tatsächlich nicht begriffen hatte, dass es regnen wird.

Kommt schon, ruft der Mann zu uns herunter, nun kommt schon her, neben mir passiert euch nichts. Aber die Bäume, schreie ich zurück, die Bäume, und er macht eine verächtliche Geste, eine wegwerfende Bewegung mit dem ganzen Arm. Dass er noch nie vom Blitz getroffen worden sei, brüllt er uns zu, und er sei oft genug hier draußen. Und wir sehen uns an und rappeln uns auf, wir rennen aufwärts, durch die fast quer fliegenden Tropfen, bis zu ihm.

Er sitzt jetzt mit seinem nackten Hintern direkt auf dem Waldboden, hat seine Kleidung gefaltet und in einem Rucksack verstaut. Kurz überlege ich, es ihm gleichzutun und mir die noch halb trockene Hose von den Beinen zu streifen, sie in meiner Tasche unter dem Handtuch zu vergraben, aber da sehen wir auf der Wasserfläche vor uns das Boot. Von rechts zieht es vorüber, es springt zwischen den Wellen auf und ab, die weiße Plastikrutsche kippt nach links und rechts, und wir hören die beiden Pärchen lachen und kreischen. Ihr müsst vom Wasser runter, rufen Marilyn und der Nackte neben mir gleichzeitig und beugen sich vor, um Himmels willen, runter da, macht schnell. Aber die Pärchen lachen nur und winken, sie heben ihre Sektflaschen in den Regen und prosten uns zu.

Dann sind sie schon verschwunden, sind weitergefahren auf diesem See, der plötzlich seine Farbe verändert hat, in ein giftig strahlendes, acrylisches Grün. Und auf einmal flammen auch die Baumkronen an der Uferfront auf, sind hinterleuchtet von den sich nähernden, aufgleißenden Blitzen. Wir fangen an zu zählen, einundzwanzig, zweiundzwanzig, wollen die Entfernung berechnen, die Spanne des verbleibenden Sicherheitsabstands. Dass der Wind vielleicht noch drehen könnte, schlage ich vor und höre, wie meine Stimme zittert, aber der Mann neben mir schüttelt nur den Kopf und deutet auf die Ringe an meiner Hand. Die würde ich abnehmen, sagt er, kein Metall. Kein Metall, keine Elektrogeräte.

Aber das Fahrrad, sage ich verwirrt und deute auf den Alurahmen in unserem Rücken, dann muss das doch weg. Und er sieht mich an, als nähme er das persönlich, als hätte ich ihn beleidigt. Wieso ist er überhaupt mit dem Fahrrad auf der Insel, denke ich und streife meinen Schmuck in meine Tasche, so groß ist die doch gar nicht.

Da kracht es. Marilyn neben mir stößt einen Schrei aus, sie drückt sich flach auf den Boden, und auch ich schreie auf und kralle meine Finger in meine Oberschenkel. Über uns biegen sich die Zweige, ein paar Meter weiter stürzt ein Ast aus einer der hin und her schwankenden Baumkronen, Regentropfen schießen durch die auseinanderklaffenden Zweige, und auch ich presse mich jetzt mit dem Rücken auf die durchfeuchtete Erde.

Ich bin schwanger, flüstert Marilyn neben mir. Und ich atme scharf ein, nicke stumm und lehne kurz meine Stirn an ihre Schulter und denke an das Röntgenbild, von dem mir ein Freund noch vor wenigen Tagen erzählt hat. Dieses Röntgenbild, auf dem der gelähmte Arm seines Onkels zu sehen gewesen war, die zersplitterten, verästelten Knochen, durch die in einer Sommernacht vor vielen Jahren der Blitz hindurchgefahren war.

Gestern Nacht noch habe ich gedacht, dass es nicht schlimm wäre, wenn alles aufhören würde, einfach so. Ich lag auf meinem Bett, ich krümmte mich, während mir die Tränen aus den geschlossenen Augen liefen, um die leere Stelle neben mir, und ich dachte: das wäre gar nicht schlimm. Aber jetzt gerade, doch, ja, jetzt wäre es schlimm, das beginne ich zu verstehen. Und nie würde ich mir verzeihen, wenn der schönsten meiner Freundinnen etwas passiert.

Wieder kracht es, es ist jetzt so weit. Die Blitze und das Donnern haben keinen Abstand mehr voneinander. Ich kneife die Augen zusammen, alles schwarz, ich zittere so sehr, dass meine Wirbelsäule gegen den Boden schlägt. Marilyn neben mir atmet flach, sie hat ihr Gesicht in den Armen vergraben und murmelt etwas, das ich nicht verstehe, aber ich bin sicher, dass sie betet. Ein Flackern über uns, und ich reiße die Augen auf und zucke hoch. Nicht doch, Mädchen, sagt da der Nackte neben mir und greift meine Hand. Sein Gesicht ist ganz entspannt, keine Angst ist in seinen rot geäderten Augen zu sehen, kein Ausdruck, er wirkt ungerührt. Ob mir aufgefallen wäre, dass er am ganzen Körper rasiert sei, fragt er. Ich starre ihn an. Wirklich, sage ich dann und richte mich nun völlig auf. Ja, ruft er in das Donnergrollen hinein, auch seine Frau habe er versucht, davon zu überzeugen, aber die lasse sich unten immer so einen Steg stehen, das finde er schade.

Ja, nun, sage ich und halte noch immer seine Hand, das könne ich verstehen. Er nickt und greift mit der freien Hand hinter sich. Eine Flasche Alkopops hält er mir hin, Limone mit Wodka, und ich lasse mir den Flaschenrand an die Lippen setzen, ich nuckle und schlucke das bittersüße Gemisch.

Beim nächsten Donnern vibriert der Boden, ein Zittern fährt durch die Bäume, in meinen Ohren beginnt es zu rauschen und zu fiepen, irgendwo kreischt ein Tier, und ich brauche einen Moment, bis ich verstehe, dass der Mann neben mir sagt: Insel-Einschlag. Ich starre ihn an, wiederhole das Wort, Insel-Einschlag, und dann lege ich meine freie Hand auf seine blank rasierte Brust. Ich fahre mit den Fingern zwischen den Brustwarzen hin und her und sage: kratzt gar nicht. Und er hält mir wieder die Flasche an die Lippen, ich sauge und sauge mit geschlossenen Augen, während mir das Regenwasser aus den Haaren läuft und Marilyn ganz still neben mir liegt.

Die Pause zwischen Blitz und Donner höre ich sofort. Der Bruchteil einer Sekunde wird das vielleicht sein, eine leichte, nur minimale Verschiebung, eine Dehnung der Stille, aber sie bedeutet alles – das Gewitter zieht weiter. Ich öffne die Augen und beuge mich vor. Und auch Marilyn richtet sich auf, unsere Blicke treffen sich, ihre Augen sind so hell. Der Nackte neben mir löst seinen Griff, ganz sanft entwindet er sich meinen klammernden Fingern, er wendet sich ab und stellt die leere Flasche hinter sich und sagt: seht ihr.

Immer größer werden jetzt die Abstände zwischen dem Aufflackern der Blitze und dem darauf folgenden Donnern, der Regen dünnt aus. Marilyn springt hoch, der nasse Rock klebt ihr an den Schenkeln und am Bauch, zum ersten Mal bemerke ich jetzt die leichte Wölbung unter dem hochgezogenen Stoff. Los, sagt sie und greift sich meine Tasche, komm, wir können.

Ob wir nicht noch bleiben wollen, sagt da der Mann, er sagt es ganz leise, und ich zögere kurz, ich drehe mich zu ihm, suche etwas in seinem Blick, aber Marilyn lacht in meinem Rücken und sagt: Das könnte Ihnen so passen.

Die Wasserfläche ist jetzt ganz glatt und klar. Wir stemmen das Boot zurück in den See, schaufeln mit den Händen das Wasser aus den Tretvertiefungen, schieben die zermatschten, durchweichten Wassermelonenstücke über Bord. Wie er eigentlich heiße, frage ich ihn, bevor ich einsteige. Er hält mir die Hand hin, hilft mir beim Sprung auf die Sitzfläche und lächelt und schweigt.

Wir treten. Um uns herum ist alles friedlich. Der See liegt ruhig, die letzten Regentropfen stupsen die spiegelglatte Fläche. Eine Entenfamilie gleitet an uns vorüber, und aus den Baumkronen am Ufer trillert der anschwellende Gesang der Waldvögel.

Kurz bevor wir hinter der Inselspitze in eine leichte Biegung steuern, drehe ich mich noch einmal um. Er steht noch immer bis zur Hüfte im Wasser und sieht uns nach, ein kleiner und kleiner werdender Punkt.

Am Bootssteg warten sie schon auf uns. Der Verleiher greift uns unter die Achseln und schwingt uns hoch auf die Holzbohlen, seine Frau dreht meinen Personalausweis in ihren verschwitzten Händen, ihre Augen sind rot. So schnell sei das noch nie gekommen, sagt sie mit viel zu hoher Stimme, in all den Jahren habe sie so etwas noch nicht erlebt, ein so plötzliches Sommergewitter. Wie froh sie sei, dass wir nun hier wären. Und ob wir das letzte noch fehlende Boot gesehen hätten, das mit der Rutsche.

Wir sehen uns an, erzählen dann von dem Moment, wir beschreiben die Stelle und stehen stumm in der Hektik, die losbricht, in dem Rennen und Rufen, das nun beginnt. Ob wir wohl bleiben müssen, denke ich noch, ob sie wollen, dass wir mitfahren, aber da nimmt Marilyn meine Hand und zieht mich hinein in den Wald.

Als wir endlich in das Auto steigen, können wir es kaum glauben. Wie lang waren wir weg, frage ich und betrachte das Armaturenbrett, die kleine Engelsfigur, die dort sitzt. Marilyn schweigt. Ein Leben lang, sagt sie dann.

Über uns strömt die Sonne zurück in den Himmel, die nasse Straße liegt glitzernd vor uns. Wir starten, wir fahren zu schnell, wir drehen Heizung und Musik auf, Mary Monroe, schububidu, wir lachen, reiben uns Schultern und Hände, rufen uns zu. Die Blitze, der Donner und: dein Gesicht, na, deins erst. Umdrehen hätten wir uns ja mal können, Rückspiegel, genau, sollte man einführen für Tretboote. Und dieser Mann, ruft sie, dem hat das gefallen. Nicht zu sehr, sage ich da und lächle, ich hatte das ja alles im Blick.

Ich kurble das Fenster herunter und halte mein Gesicht in

den Fahrtwind. Ich atme ein, die Luft ist warm, es riecht nach Sommer. Kurz bevor ich die Augen schließe, sehe ich den Rettungshubschrauber am lichtdurchfluteten Himmel. Er fliegt nordwärts, in Richtung des Sees.

Janna Steenfatt

Jemand von früher

Ein Rettungshubschrauber kreist über der Ponta da Piedade. Die Hitze steht wie eine Wand im Zimmer und klebt zwischen Haut und Laken. Die Unmöglichkeit, in den Schlaf zurückzukehren, wenn der Tag einen erst einmal gefunden hat. Ein erstes blindes Tasten der Finger über die Matratze: Clara ist nicht da. Schmerzen im rechten Fuß, als ich aufstehen will, der Schnitt an der Sohle ist tiefer, als ich dachte, auf dem Laken sind Blutspuren. Auf der Terrasse die Trümmer der letzten Nacht, Scherben und Zigarettenkippen, der umgefallene Tisch. Im Pool schwimmen tote Insekten. Ich rücke einen Stuhl an die Wand in den letzten Rest Schatten und ziehe mit dem großen Zeh des gesunden Fußes Straßen durch die Asche auf den Fliesen.

Warum wir schließlich doch wieder zusammen in den Urlaub fuhren, kann ich nicht sagen. Es war Claras Idee, in die Algarve zu fahren, in das Haus ihrer Großeltern. Wir hatten geplant, eine Woche zu bleiben, vielleicht zwei, irgendwann hörten wir auf, die Tage zu zählen. Wir rissen die Fenster auf, verjagten Ungeziefer und den Kellergeruch verlassener Häuser, schoben die Betten zusammen, fischten Laub aus dem Pool, stellten Stühle auf die Terrasse. Wir liefen durch den Hafen und die Markthalle von Lagos, Clara sprach Spanisch mit den alten Frauen, deren Obst und Gemüse wir kauften, lachte und redete wild gestikulierend, und die Frauen lächelten abwechselnd nickend und kopfschüttelnd, ich war nicht sicher, ob sie Clara verstanden. Ich verstand kein Spanisch und erst recht kein Portugiesisch, ich fotografierte den Hafen, die Fische, die zum Trocknen in der Sonne hingen, und die Fischer, die in ihren in Ufernähe verankerten Booten Mittagsschlaf hielten. Ich fotografierte uns, die Kamera am ausgestreckten Arm haltend, und Clara legte den Kopf an meine Schulter und küsste mich auf die Wange, die immer gleichen Posen an verschiedenen Orten auf den immer gleichen Bildern, die ich ihr nach unserer Rückkehr als vergrößerte Abzüge schickte, mit einer melancholischen Karte dazu, und die sie dann nicht aufhing.

Die Nachmittage verbrachten wir am Strand. Clara zog sich aus, legte sich ihr Handtuch über den Kopf und verfiel in eine reptilartige Starre. Ich versuchte, mein Gesicht in das bisschen Schatten zu legen, das ihr schmaler Körper warf, die Hitze war lähmend. Ich spürte den Schweiß in warmen Wolken aus meinem T-Shirt steigen, die Kniekehlen hinunterlaufen, ich fühlte mich unwohl in meinem Körper, zog mich nicht aus, schwitzte umso stärker, spürte einen Schweißfilm auf der gesamten Oberfläche meiner Haut, ich hatte einmal irgendwo gelesen, wie vielen Quadratmetern das entsprach; es fiel mir nicht mehr ein.

Claras Haut war heller als meine, dennoch war immer ich am Ende des Tages diejenige, die einen Sonnenbrand hatte. Ich lag in ihrem Schatten, zählte ihre Muttermale und die schwarzen Stoppeln in ihrer Achsel und dachte, dass ich es eigentlich hasste, im Hochsommer in südliche Länder zu fahren, dass ich einmal im Sommer dahin wollte, wo es kalt war, ich sehnte mich danach, zu frieren. Ich lief am Wasser auf und ab, suchte Schatten, den es nicht gab, krempelte die Hosenbeine hoch, stand in der schwachen Brandung und sah aufs Meer, die Sonne brannte in den Augen. Ich las Clara aus dem Reiseführer vor, von Salazar und Heinrich dem Seefahrer und *Saudade*, dem unübersetzbaren Wort, das Sehnsucht oder Wehmut oder Schmerz bedeutete, oder alles zusammen, und jedenfalls einen grundlegenden Wesenszug der portugiesischen Seele beschrieb, wie dort zu lesen war, mir gefiel das Wort, unter Claras Handtuch schnarchte es leise.

An den Abenden fuhren wir nach Portimão und aßen im immer gleichen kleinen Restaurant gebratenen Fisch. Nach wenigen Tagen kam der Koch an unseren Tisch, ein ausgemergelter Mann in speckiger Schürze, gab uns die Hand und fragte in bruchstückhaftem Englisch, was wir essen wollten. Wir bestellten immer Doraden mit Salat und den roten Hauswein, den ich karaffenweise in mich hineinschüttete, in einem großen Bedürfnis nach Maßlosigkeit, das mich am Abend überkam wie Clara die gute Laune, eine ausgelassene Erleichterung darüber, dass wieder ein Tag vorbeigegangen war, an dem wir es geschafft hatten, uns auszustehen, wenig zu sprechen und nichts zu sagen über uns und was das eigentlich war und wie es weitergehen sollte und ob.

An einem dieser Abende gingen wir nach dem Essen in eine schummrige Bar, setzten uns an den Tresen, bestellten Wein und hörten der *fadista* zu, einer kleinen, runden Frau, die, in ein schwarzes Tuch gehüllt, auf einer schwach beleuchteten Bühne stand und herzzerreißende Laute von sich gab. Ich flüsterte Clara zu, was ich im Reiseführer gelesen hatte, über den Fado und die Zerrissenheit der saudadischen Seele, Clara schnitt Grimassen und lachte, dass sich die Leute nach uns umdrehten, eine dezente, spöttische Verachtung in ihrem Blick für mich und alles, und ich sah sie an und fand sie wunderschön und zum Kotzen und sagte ihr das auch, aber Clara lachte nur umso lauter, verschüttete ihren Wein, streute mir Salz in die Haare, es war ganz und gar sinnlos. Ich ging auf die

Toilette und blieb dort länger als nötig, bis eine alte Frau an die Tür klopfte und etwas auf Portugiesisch sagte, das ich nicht verstand.

Als ich wieder zurückkam, stand ein Mann neben Clara, die mich am Arm zerrte und ihn als Fernando vorstellte, und ich nahm seine ausgestreckte Hand und wich einem angedeuteten Wangenkuss aus. Clara sprach Spanisch mit ihm, und ich stand einen Moment daneben und versuchte, freundlich zu schweigen, zugewandt, ich war nicht sicher, ob es gelang. Fernando sagte *si si*, drehte sein Glas in der Hand und musterte mich aus den Augenwinkeln, ich wusste, dass er mich nicht als Frau wahrnahm, dass ich nicht zur Debatte stand. Er sagte etwas auf Spanisch, ohne den Blick von mir abzuwenden, und Clara lachte und sah mich an und übersetzte es nicht. Ich nahm mein Glas und ging zu einem freien Tisch auf der anderen Seite des Raumes, nickte der Familie am Nebentisch freundlich zu und konzentrierte mich auf die *fadista.* Ich dachte, dass Fernando die ganze Zeit über da gewesen sein musste, dass er Clara beobachtet und auf den Moment, da ich mich entfernte, gewartet hatte. Aus den Augenwinkeln sah ich Clara mit übereinandergeschlagenen Beinen auf dem Barhocker sitzen, sich langsam hin und her drehend, während sie sprach, und Fernando, der schön war, höflich, soweit ich das beurteilen konnte, Clara aufmerksam ansah, mit Augen, die an den Außenseiten leicht nach oben zeigten, einem weichen, zweideutigen Lachen, stark behaarten Unterarmen, die aus nachlässig hochgekrempelten weißen Hemdsärmeln schauten. Er berührte Clara, wie zufällig, und sie lehnte sich zurück, auf den Tresen gestützt, das Kinn auf die Brust, der Blick schräg von unten, die immer gleichen, durchschaubaren Posen, in denen sie sich gefiel, trank den letzten Schluck Wein und schwenkte ihr leeres Glas in der Luft, die selben einstudierten Gesten, Fernando gehorchte und machte dem Kellner ein Zeichen.

Clara stellte das Glas ab, rutschte in obszöner Langsamkeit vom Barhocker, kam auf mich zu, zerrte mich vom Stuhl und küsste mich, ein Kuss, der nach Rotwein und Zigaretten schmeckte, der nicht mir galt, der zum Programm gehörte, denn kein Mann zu sein war ein Fehler, aber kein Grund, mich zu schonen. Hinter Claras Rücken sah ich Fernandos entgeisterten Blick.

Ich lief langsam die Hafenpromenade entlang, stand eine Weile zwischen Touristen an der Kaimauer, die auf dem Wasser spiegelnden Lichter und das Geräusch von Leinen, die klirrend an Bootsmasten schlugen, lösten eine alberne Sehnsucht aus, und wie immer dachte ich kurz daran, dass es möglich wäre, zu bleiben. Dass es möglich wäre, die Sprache zu lernen, sich an die Hitze zu gewöhnen und abends zwischen den alten Männern im Hafen zu sitzen. Ich hatte mir den gleichen Unsinn auch auf Reisen ausgemalt, die ich ohne Clara gemacht hatte, in einem früheren Leben, vor fünf, sechs Jahren, als ich nicht ahnte, dass es sie in meinem Leben geben würde. Die Illusion von Möglichkeiten hatte mir gefallen, und dann war ich zurückgefahren, mit einem fremden Geschmack auf der Zunge, ein paar neuen Bildern, und alles war wie immer. Es würde auch dieses Mal nicht anders sein. Ich würde Freunde treffen, höfliche Fragen beantworten – *Wie war Portugal? – Doch, war schön* –, würde die Fotos entwickeln und an einer Schnur unter der Badezimmerdecke aufhängen. Diese Reise wird eine von vielen sein, die ich gemacht haben werde, wenn ich später darüber spreche, mit anderen, die nach Clara kommen, in ein paar Jahren, und irgendwer, der dann auf dem Balkon meiner Kreuzberger Wohnung mit Blick über die Bahngleise sitzt, wird sich nach der Frau auf den Fotos erkundigen, und ich werde sagen, *ach, jemand von früher.*

Ich lief langsam zum Appartement zurück, öffnete eine Flasche Wein und ging auf die Terrasse. Ich war sicher, dass Clara heute Nacht nicht zurückkäme, aber es war mir gleich, ich war bereits betrunken, legte mich auf die Fliesen und schloss die Augen. Ich wartete auf Clara und redete mir ein, es nicht zu tun.

Warum wir dann doch wieder zusammen in den Urlaub gefahren sind, nachdem wir so häufig gescheitert waren, konnte ich wirklich nicht sagen. Unseren ersten gemeinsamen Urlaub im Mai vor fünf Jahren in einem kleinen Ort an der deutschen Nordseeküste, ein Mansardenzimmer im Haus einer alten, alleinstehenden Dame, die uns das Frühstück in ihrem Wohnzimmer servierte, hatte Clara nach einer von zwei geplanten Wochen überstürzt abgebrochen. Ich blieb und ging allein spazieren und sah tagelang allein aufs Meer, es war ungewöhnlich heiß für die Jahreszeit, und ich schwitzte sehr und dachte an gar nichts. In Marienbad verbrachten wir ein sprachloses Wochenende, ohne dass ich mich an einen Grund für unsere Feindseligkeit erinnern konnte, wahrscheinlich gab es auch eigentlich keinen, immerhin fuhren wir gemeinsam wieder zurück. *Letztes Jahr in Marienbad*, sagten wir das ganze darauf folgende Jahr zueinander und fanden das sehr komisch. Nach Amsterdam wäre ich ohnehin gefahren, um für ein Projekt zu recherchieren, und Clara hatte kurzfristig angekündigt, dass sie mich begleiten würde, sie hatte es mich wissen lassen in einem Tonfall, der keinen Widerspruch duldete. Wir fuhren mit dem Zug und liefen zu Fuß durch die überfüllte, verregnete Stadt, zu unserem online gebuchten, lächerlich überteuerten Hotel am Rembrandtplein. Ich sagte Clara, dass ich allein sein musste, um zu arbeiten, ging in die Bibliothek neben dem Hauptbahnhof, saß im Fenster mit Blick auf den Hafen und fand später eine weinende Clara auf meiner Mailbox, die sich im erstbesten Coffeeshop einen Haschbrownie bestellt und ihre Tasche klauen lassen hatte und die auf dem Rückweg ins Hotel, nachdem ich sie auf dem Polizeirevier abgeholt hatte, in drei Grachten kotzte. In Budapest stand Clara nach einem Satz, einem kurzen Monolog von mir, dessen Inhalt ich nicht erinnere, der wahrscheinlich aber mit dem Wesen der Liebe im Allgemeinen, in Andeutungen eventuell auch im Speziellen, zu tun gehabt hatte, auf und verließ wortlos das Kaffeehaus. Ich blieb und sah durch große Fenster auf einen weiten, leeren Platz unter einem grauen Himmel, trank meinen Kaffee aus, zahlte, lief lang und ruhig allein durch die Stadt und fühlte mich auf seltsame Weise glücklich.

Ich versuchte, im Liegen aus der Flasche zu trinken, und vergoss Wein über mein Gesicht und die Fliesen. Dieses Mal wäre ich diejenige, die abreiste, einmal würde ich es wie Clara machen und einfach abhauen. Ich stand auf, schwankte, stieß den Tisch um, der Aschenbecher fiel und zerbrach auf den Fliesen. Ich blieb eine Weile stehen und sah mir zufrieden das Bild der Zerstörung an. Clara würde glauben, ich hätte den Tisch absichtlich umgeworfen, hätte überreagiert, mich zu einer Geste hinreißen lassen, wie sie Männer in amerikanischen Filmen machen, Möbelstücke umwerfen, mit dem Unterarm Dinge vom Tisch fegen, das Handy vor Wut in den Fluss schmeißen. Ich ging ins Schlafzimmer, öffnete den Schrank und fing an, Klamotten in meinen Koffer zu werfen, mit einem feierlichen Gefühl von Unwiederbringlichkeit. Die Haustür knallte ins Schloss. Clara gab sich keine Mühe, leise zu sein. Sie ging direkt ins Badezimmer, ich hörte das Rauschen der Leitungen in der Wand und faltete grimmig T-Shirts und Hosen in den Koffer. Clara kam nackt ins Zimmer, warf ihr nasses Handtuch auf den Boden, legte sich ins Bett und drehte mir den Rücken zu, nichts an ihr verriet irgendetwas. Ich zog es in Erwägung, in Tränen auszubrechen, aber ich war nicht sehr überzeugend, wenn ich es mit emotionaler Erpressung versuchte, auch das konnte Clara besser. Ich warf mich neben sie und zog ihr die Decke fort, biss sie in den Nacken, schob eine Hand zwischen ihre Beine, aber Clara stellte sich schlafend. Ich setzte mich auf und sagte: *Ich frage mich, warum ich eigentlich hier bin*, und Clara hob den Kopf, drehte sich halb zu mir herum, sah mich an und sagte ganz ernst: *Und was antwortest du dir?* In mir breitete sich etwas aus, eine Lust, sie zu schütteln, mindestens, und ich lief auf die Terrasse und stieß einen Schrei aus, weil ich mit dem bloßen Fuß in eine Aschenbecherscherbe getreten war. Die Wunde blutete heftig, aber natürlich kam Clara nicht, um nach mir zu sehen.

Die Hitze nahm kaum ab in der Nacht, und ich lag wach, mit einem Mal sinnlos nüchtern, spürte den Sand, der sich in jeder Körperfalte eingenistet hatte, und meinen pochenden Fuß, trank Wasser und hörte Clara schnarchen. Ich setzte mich vor das Bett auf die kühlen Fliesen. Durch die Fensterläden fiel das Mondlicht in Streifen auf Claras Gesicht, das im Schlaf eng und verschlossen aussah, angestrengt, die Stirn in Falten, ein zuckender Mund, und wenn man sie am Morgen nach ihren Träumen fragte, wollte sie sich nicht erinnern. Manchmal sprach sie im Schlaf, auch daran erinnerte sie sich nie, und wenn sie betrunken war, wie jetzt, schnarchte sie wie ein Wikinger, was sie dann wiederum am Morgen nicht glaubte. Ich schwitzte, lehnte mich an die Wand unterm Fenster und sah Clara, die grunzte, sich herumwarf, das Bett zerwühlte wie ein Kind, beim Schlafen zu. Ich dachte, dass es immer das Gleiche war, mit uns. Ich hatte Clara in Budapest und Amsterdam und in Marienbad beim Schlafen zugesehen, ich hatte sie schlafen sehen in ihrer Wohnung, in der es im Sommer zu warm war und im Winter zu kalt, hatte neben ihr wach gelegen und hoffnungslose Erklärungen an ihren schnarchenden Rücken geflüstert, hatte sie begehrt und verachtet in wechselndem Verhältnis. Ich hatte auch dort, in ihrer Wohnung, auf sie gewartet, allein im Dunkeln am Fenster, mich nach ihr gesehnt und geahnt, dass das alles zu nichts führte.

Der Hubschrauber kommt näher. Ich trinke einen Schluck Wasser aus dem Hahn, es schmeckt nach Chlor, Clara bekommt gewöhnlich Bauchschmerzen davon. In der Spüle steht eine Tasse mit noch nicht angetrocknetem Kaffeerest. Claras Handtuch liegt nicht mehr am Boden, auch ihre Tasche ist fort. Ich schlachte einen Granatapfel, pule sorgfältig die Kerne heraus und kaue sie langsam, einen nach dem anderen. Ich rufe dann doch an und bereue es im selben Moment, höre ihr Handy auf der Fensterbank klingeln, mit diesem furchtbaren schrillen Klingelton, den ich sonst nie hören muss. Clara hat nur zwei spezielle Klingeltöne vergeben, einen für mich und einen für ihre Mutter, ich will nicht darüber nachdenken, ob das etwas bedeutet. Ich nehme ihr Handy und lösche meine Nummer aus der Liste der empfangenen Anrufe.

Finn-Ole Heinrich

Der Hund kann wieder laufen

Ich stehe am Gleis und warte auf Doris, einen Pappbecher mit Kaffee in der einen Hand. In der anderen halte ich ihre Postkarte mit dem Hundewelpen, als ob wir ein Erkennungszeichen bräuchten. Die Sonne brennt und blendet. Der Tag ist so heiß wie der Kaffee durch die Pappe in meiner Hand, es ist fast wie damals, vor ziemlich genau einem Jahr. Es war ein klebriger Sommer, und man schwitzte ohne Unterbrechung. Ich erinnere mich merkwürdig genau. Alles in meiner Erinnerung glänzt, Gesichter, Schultern und Knie, Schenkel, Türgriffe und die wenigen speckigen Wolken. Die Hitze vor einem Jahr kam plötzlich, und sie blieb, legte sich über die Region wie eine schwere Decke, unter der man kaum Luft bekommt. Sie lähmte und verschob alles ein bisschen, höhlte ganze Tage aus, dass sie herumlagen, bedeutungslos, zusammengeknüllt wie die Sportseiten einer alten Lokalzeitung. Ich hatte das Gefühl, dass kaum einer sich normal benahm. Es war, als hätten sich alle verkrochen, in sich selbst verkrochen, auf der Suche nach einem kühleren, klareren Ort vielleicht. Alles war still, die wenigen Menschen, die man auf der Straße sehen konnte, sprachen nicht, niemand bewegte sich mehr als nötig, alles stand und starrte vor sich hin.

In diese Apathie platzte meine Mutter auf eine entschlossene Art, die ich ihr niemals zugetraut hätte. Es war der vierte Tag der Hitze, und alles, zu dem ich mich in der Lage fühlte, war warten. Warten, dass die Decke gelüftet, eine Brise durch die Straßen fegen und mich aufwecken würde. Wochenlang hatte ich auf den Filialleiter geflucht, weil er mich als einen der ersten rausgeworfen hatte. Nicht, dass ich an diesem mickrigen Job im Baumarkt gehangen hätte, aber immerhin hatte ich einen Job, Geld, eine Struktur. Mit der Hitze aber kam der Gleichmut, und mit jedem Tag, den die Hitze nicht gehen wollte, wuchs meine Freude über die Kündigung. Als meine Mutter sich meldete, war es schon nach Mittag, aber ich lag noch immer im Bett, nackt und duschnass. Ich versuchte, mich kein bisschen zu bewegen, um nicht schon wieder zu schwitzen.

Ich erinnere mich, wie plötzlich das Telefon schrillt, das unnachgiebige Klingelgeräusch, hart und wie aus einer anderen Welt. Mir dröhnt der Kopf, ich rolle mich vom Bett, krieche auf allen vieren über den Boden und nehme den Hörer ab. Meine Mutter fackelt nicht lange, ich solle mich auf den Weg machen, der Hund sei krank, sie brauche meine Hilfe. *Mama,* sage ich, *das interessiert mich überhaupt nicht, ich hab den Hund nie ausstehen können. Was geht mich das an?* Ich war schon immer gegen diesen hässlichen Labrador gewesen, ich konnte ihn noch nicht mal ausstehen, als er noch ein Welpe war, was nahezu unmöglich ist: Einen Hundewelpen nicht zu mögen.

Ich hol dich vom Bahnhof ab, sagt sie.

Mama, vergiss es. Ich will Ulrich in meinem ganzen Leben nie wieder sehen.

Ulrich ist überhaupt nicht da, Ulrich ist in Frankfurt, hat eine Fortbildung. Dein Zug fährt vierzehn zweiunddreißig, Gleis sieben.

Knacken der Leitung, die hohle Stille eines Telefonhörers.

Ich weiß sofort, dass es um etwas anderes geht.

Okay, sagt meine Mutter, die mit ihren entschlossenen Bewegungen nicht in diesen breiigen Tag passt, und nimmt mich in den Arm, drückt mich kurz und fest, wie einen Mitspieler beim Fußball, kurz vor Anpfiff, *gut, dass du da bist.* Sie nimmt mir die Tasche ab und läuft zum Auto, ich trotte hinterher, zähle stumm ihre eiligen, festen Schritte, irgendetwas stimmt doch nicht mit ihren Schritten und mit ihr, denke ich.

Meine Mutter summt zur leisen Radiomusik, aber sie hört nicht hin, sie summt einfach irgendwas, eine eigene Melodie. Als ich das Radio ausschalte, hört sie auf. Sie redet nicht stattdessen, sie sieht mich auch nicht an, sie fährt mich nach Hause mit einem konzentrierten, fast sturen Blick. Sie trägt eine Weste mit vielen Taschen, Funktionskleidung, Outdoorschuhe. *Gehen wir wandern?*, frage ich und bekomme keine Antwort. Sie braucht offenbar alle Konzentration für den trägen sommerlichen Kleinstadtverkehr. Ich bin eine Ewigkeit nicht hier gewesen, vier Mal hatten wir uns am Bahnhof getroffen, einen Kaffee getrunken, dann hatte sie dagestanden und vom Haus erzählt, vom Dorf, den Nachbarn und geschwiegen über Ulrich. Vor dessen Sadismus, das konnte ich mir denken, sie gerade geflohen war, wenn auch nur für ein paar Stunden. Manchmal haben wir telefoniert, zum Geburtstag, zu Weihnachten. Das waren die letzten zehn Jahre.

Meine Mutter ist ungeschminkt, die Haare sind kurz geschnitten, ihr immergleiches Gesicht neben mir, aber sie kaut Kaugummi, das habe ich noch nie bei ihr gesehen. Ich will sie kommen lassen, aber sie kommt nicht, die Autofahrt scheint wichtiger zu sein. Ich sehe sie an und habe wirklich keine Idee, was sie vorhat. Sie fährt hektisch und ungeschmeidig, und zwanzig Sekunden nachdem ich das Radio wieder angestellt habe, summt sie wieder zur – oder besser: über die – Musik, wie ein unbegabtes Kind.

Was ist los, frage ich laut, und meine Mutter steigt in die Bremsen, und es quietscht, es reißt uns nach vorn, unsere Köpfe schlagen hin und her, knallen gegen die Nackenstützen, der Sicherheitsgurt quetscht mir die Haut zwischen Hals und Schlüsselbein zusammen, meine Mutter schreit, um ein Haar wäre sie dem Trecker vor uns hintendrauf gefahren. Aber wir stehen. Eine Handbreit vor der Anhängerkupplung des alten Fendt. Meine Mutter sieht mich an, und dann lacht sie los, sie schmeißt sich weg vor Lachen. Ein befreites Lachen, wie wenn man endlich auf etwas gekommen ist, das eigentlich ganz offensichtlich war. Ihr Oberkörper hüpft auf und ab, dann beugt sie sich zu mir rüber und ruft: *Glück, einfach nur Glück! Richtich Schwein gehabt! Plötzlich ist das so!* Sie ist völlig außer sich. *Was da jetzt hätte passieren können*, ruft sie und schüttelt grinsend den Kopf, *aber nichts! Nichts passiert!* Ich sehe sie an und fürchte mich ein bisschen, das muss die Hitze sein.

Vor uns fährt der Trecker an, meine Mutter folgt ihm lachend, schlängelt sich aus der Stadt. Ich kurbele die Fensterscheibe runter, lehne den Kopf zurück. Der heiße Fahrtwind brennt auf der Haut, trocknet den Schweiß. Mir ist schwindelig, der Nacken tut weh, meine Mutter hört nicht auf zu lachen.

Hast du getrunken?, frage ich sie, und sie hält den Wagen an, einfach so, mitten auf der ausgestorbenen Landstraße. Es ist kaum ein Mensch unterwegs. Sie sieht mich ernst an, streng, als hätte ich etwas Böses getan. Dann lehnt sie sich zu mir herüber, so merkwürdig langsam, dass ich vor ihr zurückweiche, weil ich nicht weiß, was das soll, was passieren wird. Sie sieht nicht aus, als würde sie mich küssen wollen, und als ihre Lippen nur noch Zentimeter von meiner Nase entfernt sind, hält sie an, klappt den Mund auf, haucht mich an. Sie flüstert: *Ich trinke nicht. Aber weißt du, was ich in den letzten Wochen begriffen habe?* Ich schüttele den Kopf. *Dass Angst eine Fähigkeit ist! Eine Fähigkeit, mit der wir geboren werden, mit der jedes*

Tier geboren wird. Du musst nicht lernen, wie du Angst hast. Du musst lernen wovor! Sie mustert mich lange und interessiert, dann richtet sie sich wieder auf und lässt den Wagen an, *Vielleicht habe ich heute Morgen doch fünf, sechs Tassen Kaffee zu viel getrunken*, sagt sie und lacht krächzend. Ich weiß nicht, was mit meiner Mutter los ist, ich verstehe ihre Witze nicht, falls sie welche macht. Sie ist verändert, wie ein alter Freund, der von einem Einsatz in einem Krisengebiet zurückkehrt und plötzlich ein anderer ist, kaum wiederzuerkennen, aber vertraut mit jeder Faser seines Körpers. Ich möchte sie nehmen und schütteln und sagen: Hör auf damit, du machst mir Angst, aber ich klebe fest im schweißnassen Beifahrersitz, und erst nach einigen Minuten bekomme ich den Mund auf. *Was hat der Hund*, frage ich. *Ja!*, ruft meine Mutter, als hätte sie nur darauf gewartet, und schnaubt: *Das zeige ich dir!*

Der Hund liegt im Garten wie Aas.

Es riecht faulig unter der kleinen Kastanie, in deren Halbschatten er vor der gleißenden Sonne geflohen ist. Die heiße Luft bewegt sich nicht, Fliegen umkreisen den Unterleib des Hundes. Ich sehe ihn an und denke: Ein Hund ist kein Kind, einen Hund kann man sich nun wirklich aussuchen, wie kommt man auf die Idee, sich so einen Hund auszusuchen, einen hässlichen, neurotischen Kläffer?

Heute kläfft er nicht, heute liegt er da und stirbt vor sich hin.

Erst eine Magen-Darm-Grippe, sagt meine Mutter, *40 Grad Fieber, fast zwei Wochen lang. Und bei der Untersuchung hat der Arzt dann in ihrem Gesäuge einen Tumor gefunden, faustgroß*. Sie hält mir ihre Faust unter die Nase und sieht mich mit ihrem wichtigen Blick an. *Den hat er ihr sofort abgenommen, als sie wieder gesund war.* Sie hockt sich hin. Ich ziehe mein T-Shirt aus, der Schweiß läuft mir den Rücken hinunter.

Aber siehst du hier? Meine Mutter zeigt auf die operierte

Stelle. *Die Wundränder haben sich entzündet, guck mal, der Eiter.* Und sie drückt ganz sanft und vorsichtig die genähte Wunde zusammen, ich sehe die Eiterbeulen, der Hund gibt ein sehr leises, jämmerliches Geräusch von sich, das kaum nach Hund klingt. Meine Mutter streichelt ihm liebevoll über den Schädel, *Jaja.* Sie legt den Kopf schief, betrachtet den Hund und sagt zu mir, *Und dann eine Mastitis.*

Eine was?

Sie hat Antibiotika bekommen.

Der Hund?

Eigentlich war sie schon fast wieder gesund. Aber, weißt du, wir hatten in der Zeit hier die Mäuse. Und wir haben das ein paar Wochen lang nicht so richtig in den Griff bekommen. Ja und – da hat das Drama eigentlich erst so richtig angefangen. Sie dreht sich zu mir um.

Sie ist doch uralt, sage ich. *Lass sie doch einfach einschläfern, was quälst du sie so?*

Jeder will leben, sagt meine Mutter. Die goldenen Damenohrringe passen nicht zu ihrer neuen Kurzhaarfrisur, dem Globetrotteroutfit, sie lächelt mich an. *Gehen wir heute Abend essen?*

Vielleicht will nicht jeder leben, Mama, vielleicht ist das okay, gehen zu wollen irgendwann.

Gehen ja, sterben nein.

Vielleicht schaffst du es nur einfach nicht, sie loszulassen.

Loslassen, blabla, sagt sie und sieht mich finster an. *Bitte, dann nimm sie in dein Zimmer und lass sie dort sterben.* Ihr scharfer Blick, der sich langsam auflöst. *Geh dich duschen, zieh dir was Richtiges an, wir fahren in einer Stunde los.*

Wie ich die Tür aufziehe, das Haus betrete, wie der Geruch in meine Nase steigt, sich augenblicklich in meinem ganzen Körper ausbreitet. Ich bin acht Jahre alt und ziehe noch einmal zu diesem Mann. Automatisch ziehe ich meine Schuhe aus und betrete erst danach den Flur. Drinnen ist es nicht einen Grad kühler als draußen. Sofort umklammert mich die penetrante Ordnung des Hauses, alles ist genauso, wie ich es zuletzt vor über zehn Jahren gesehen habe. Dass wir in dieses Haus gezogen und geblieben sind. Dass er nicht liebt, selbst seinen Hund nicht liebt, dass er herrscht. Im Bad muss ich mich kurz auf den Rand der Wanne setzen, sofort fühle ich den Schweiß strömen und in den Hautfalten kitzeln und wie er mich zu seinem Hund gemacht und benutzt hat. Gegenüber neben dem Waschbecken ihre Handtücher, darüber die Namensschildchen, Ulrich, Doris. Ich habe alles in den Griff gekriegt, obwohl meine Mutter ihn geheiratet hat, obwohl sie geblieben ist. Ich ziehe mich aus, und bevor ich in die Dusche steige, nehme ich Ulrichs Handtuch von seinem Häkchen und wische mir damit von vorne nach hinten zwischen den Beinen den Schweiß weg, dann hänge ich es wieder unter sein kleines Emaille-Namensschild. Dass das geht.

Barfuß in den Garten, ich gehe langsam auf die Kastanie zu. Der Hund liegt da wie erschlagen, ich kann nicht die kleinste Bewegung erkennen. Die Hitze ist eine Bleiweste, zum ersten Mal fühle ich etwas für diesen Hund, Mitleid. Bei dieser Hitze krank zu sein muss die Hölle sein. Unhörbar hechelnd, hängt ihre vollkommen trockene Zunge aus dem offenen Maul, die Augen sind verdreht.

Ich sehe ihren rötlich verkrusteten Bauch, die Fliegen, die auf der entzündeten Narbe tänzeln. Plötzlich steht meine Mutter mit allerlei Gerät hinter mir, schiebt mich zur Seite und hockt sich vor den Kopf des Hundes. Sie zieht Spritzen mit Wasser und einer bräunlichen Pampe auf und steckt sie dem Hund ins Maul. *Ein hochkalorischer Futterbrei*, sagt sie und winkt mir mit der Spritze in ihrer Hand. *Leider kotzt sie das meiste in zehn Minuten wieder aus.*

Als sie mit dem Füttern fertig ist, schnipst sie vor den Augen des Hundes herum, sagt immer wieder laut seinen Namen, *Patti, Patti,* schließlich streichelt sie ihn. *Keine Reaktion,* sagt sie, *wie weggetreten.*

Dann steht sie auf und sagt: *Komm.*

Ich sitze im Wagen, mit offenem Mund im Fahrtwind, seit Tagen verlässt mich das Gefühl nicht, zu wenig getrunken zu haben. Im Radio laufen die Nachrichten, meine Mutter summt nicht mit, ich muss kurz lachen, als ich mir vorstelle, sie würde die Nachrichten mitsummen, ihre eigenen Nachrichten. Doris sieht mich streng an, als sei es nicht erlaubt, zu lachen, und stellt das Radio aus. *Morgen früh hebe ich ein Loch für den Hund aus, hinten unter dem Goldregen,* sagt sie und sieht mich an. Ich reagiere nicht, vor uns flirrt der Horizont in den Wellen der aufsteigenden Hitze. *Ich weiß, dass das verboten ist, aber das ist mir egal. Und dann werde ich meine Sachen packen und wegfahren.*

Wie – wegfahren, frage ich. Sie zuckt die Schultern. *Ich weiß nicht. Weg.*

Du weißt nicht?

Nein. Jens, pass auf, ich hab – es ist so: Ich habe vor vier Monaten im Lotto gewonnen. Eins Komma vier Millionen. Ich drehe meinen Kopf zu ihr, ich verstehe die Witze meiner Mutter nicht, falls sie welche macht. Aber sie sieht mich vollkommen ernst an. *Du bist der Erste, dem ich davon erzähle. Und du bleibst der Einzige. Ich will Patti beerdigen, und dann fahre ich los.*

Was? … Was? Ich habe keine Worte. *Was ist los?*

Meine Mutter grinst mich an, sie sagt, *Neuanfang,* und wackelt mit dem Kopf, wie eine alte Frau im Bus, der man den Sitzplatz frei macht. *Es gibt keinen Grund, länger hierzubleiben, wenn Patti nicht mehr da ist,* sagt sie, als würde sie sagen, guck mal, ich habe mir die Haare geschnitten und neue Schuhe gekauft.

Der Barmann schwitzt am Mund, er hat einen enormen Schnurrbart und für einen Mann erstaunlich kleine, flinke Hände. Seine Bewegungen kommen mir unwirklich vor, dabei sind sie vielleicht das einzig Reale in dieser Hitze. Der Mann arbeitet. Der Arm meiner Mutter liegt lang ausgestreckt auf dem Tresen. Auf dem Arm liegt ihr Kopf. Am Ende des Arms streckt sie zwei Finger in die Luft und winkt mit ihnen in Richtung des Barmanns. *Noch zwei*, lallt sie ihn an. Ich lache, und meine Mutter lacht und bleckt dabei die Zähne, ihre Dritten, wie ein alter Gaul.

Scheiß drauf, hatte ich gesagt, *scheiß auf Essengehen, wir gehen uns jetzt richtig besaufen, Mama, du hast im Lotto gewonnen! Hast du echt im Lotto gewonnen?*

Sie wollte nicht, stand da mit verschränkten Armen, spitzen Lippen, Doppelkinn, schüttelte den Kopf. Aber dann hat sie es sich anders überlegt, und so waren wir in dieser Bar gelandet.

Der Barmann stellt zwei neue Wodkas zwischen uns. Meine Mutter sieht mich ernst an, ein feuchter Blick. *Von einem Tag auf den anderen*, sagt sie, hebt das Glas, nickt mir zu, trinkt es aus. *Hat gezittert wie verrückt, hatte Fieber, wollte nicht mehr fressen, hat nur rumgekotzt. Am nächsten Morgen konnte sie schon nicht mehr laufen, wenn sie es versucht hat, sind ihr die Hinterbeine weggeknickt, und sie ist einfach umgefallen. Sind wir natürlich sofort zum Arzt.* Sie sieht mich an, eine feierliche kleine Pause. *Leptospirose.*

Mama, Leptoblabla, lass doch mal den Hund, erzähl doch mal von den eins Komma vier Millionen! Was jetzt los ist, warum hast du mir das nicht früher erzählt? Was machst du jetzt? Was hast du vor, wo fährst du hin?

Aber meine Mutter nimmt den Kopf nicht hoch, sie redet

einfach weiter, hört nicht auf mich, erzählt ihre Geschichte, die sie offenbar unbedingt zu Ende bringen will. Der Schnurrbart räumt die Gläser ab und sagt, dass er gleich schließen werde, ob er uns ein Taxi rufen solle. Meine Mutter nickt, *ja bitte*, redet weiter. *Hat sie sich von den Mäusen geholt, weißt du, war noch schwach, hat aus irgendeiner Pfütze getrunken, die vom Mäusekot verunreinigt war.* Sie sieht auf ihre Hände, die auf der Tischplatte liegen, und tippelt mit den Fingern auf dem lackierten Holz, sie schnieft, ich sehe ihren zerknitterten Blick nur von der Seite, dann sagt sie erstaunlich laut: *Morgen ist es jedenfalls so weit, morgen wird Patti sterben.*

Meine Stirn lehnt gegen die vom Talg der vorherigen Fahrgastköpfe verschmierten Scheibe des Taxis, ich glotze betrunken raus in die Nacht, in die Fahrt, das Wischen der Häuser, Straßen, Felder. Und ich sehe Ulrich vor mir, wie er in ein paar Tagen nach Hause kommen wird, wortlos, grußlos, durch das Haus schlurft in seiner widerwärtigen, verbitterten Art. Kalt, gebieterisch, desinteressiert. Wie er durch das Haus läuft und so tut, als suche er meine Mutter gar nicht, wie er immer wütender wird, dass er sie suchen muss und nicht finden kann. Wie er Zimmer für Zimmer abgeht, zu rufen anfängt, lauter, immer lauter, bis er schreit, fast kreischt. Wie er Hunger bekommt und niemand mehr da ist, der ihm sein Essen macht, wie er das Telefon nimmt und das Handy meiner Mutter in der Küche klingeln hört. Wie er sich setzt und mit seinem harten Gesicht wartet, wie er aufsteht und ausflippt, wie er irgendetwas zerschlägt. Wie er nach dem Hund und meiner Mutter ruft und es ihm langsam dämmert: dass es jetzt niemanden mehr gibt in diesem Haus, den er erniedrigen und beherrschen könnte. Wie er am nächsten oder übernächsten Tag ratlos im Garten steht, vielleicht eine Flasche Wein in der Hand, und auf einmal den Gestank der Verwesung in der Nase hat. Wie er durch den Garten läuft, schnüffelnd. Ich sehe ihn, wie er stehen bleibt und eine Ahnung bekommt, als er die Stelle unter dem Goldregen sieht, den zerfetzten Rasen, die Fliegen.

Am nächsten Morgen geschieht ein Wunder. Ich liege im Bett, das dünne Laken nur um die Füße gewickelt, höre das penetrante Zirpen der Grillen durch das offene Fenster, als sich plötzlich der Hund durch die offene Tür in das Zimmer schleppt. Ein dünnes, fahles Hundegerippe auf unsicheren Beinen. Ich höre ein leises Rasseln, wenn der Hund ausatmet, sein Geruch breitet sich im Raum aus. Er stellt sich neben mein Bett, sieht mich an mit klarem, einigermaßen wachem Blick, dem offenen Maul und wedelt fast unmerklich mit dem Schwanz. Ich setze mich auf und sehe ihn mir lange an. Er steht einfach da und guckt zurück. Ich stehe auf, gehe aus dem Zimmer. Der Hund steht am Bett, als würde er mir etwas sagen wollen oder auf etwas warten, er sieht mir nach, schließlich dreht er sich schwerfällig um und kommt mit.

Ich schleppe mich die Treppen hoch. Oben muss ich allen Ernstes anhalten, die Hand am Geländer, durchatmen wie ein uraltes Großmütterchen, der Schweiß rinnt, es flimmert vor meinen Augen, kleine Lichtpunkte tanzen im Morgen, die Hitze ist schon voll da.

Meine Mutter steht vor dem weit aufgeschwungenen Kleiderschrank, auf dem Bett ein offener, beinahe leerer Koffer, Abreiseszene. Sie steht da, die Fäuste in die Seiten gestemmt. *Ach, ist doch Quatsch*, sagt sie, dann dreht sie sich zu mir um, lächelt mich freundlich an und klappt den Koffer zusammen, stößt ihn vom Bett, er poltert zu Boden. Es kümmert sie nicht, nicht mehr. *Ha*, macht sie und wirkt selbst überrascht, *wenn ich was brauche, kauf ich mir das einfach. Ich nehm nichts mit, gar nichts.*

Nee, sag ich, *brauchst du nicht.*

Nee, sagt sie, lacht und legt den Arm um mich. *Ich geh jetzt in den Garten.*

Der Hund kann wieder laufen, sage ich.

Mit ihren energischen Schritten ist sie schon auf der Treppe. *Ja*, sagt sie und bleibt stehen, *ja, er verabschiedet sich. Das ist ganz erstaunlich, was da für Kräfte mobilisiert werden.*

Ich dachte, er kommt wieder auf die Beine, sage ich, aber Mutter schüttelt den Kopf. *Nein*, sagt sie, *das sind die letzten Reste. Sie frisst nicht mehr, der Körper will nur noch nicht aufgeben. So ein Körper gibt nicht so einfach auf, der kämpft … Aber wie sie heute vor mir stand und mich angeguckt hat, da hab ich schon gesehen, dass sie sich verabschieden will. Dass sie jetzt so weit ist.*

Ich stehe am Fenster, rauche und sehe meiner Mutter zu, wie sie mit Spaten und Schaufel durch den Garten läuft. Sie sticht mit dem Spaten feinsäuberlich den Rasen ab, unterteilt ihn in kleine Quadrate, die sie abhebt und neben dem Grab stapelt. Warum diese Ordnung, denke ich, wenn sie doch jetzt geht.

Das Hundeskelett schleppt sich langsam durch die Zimmer, legt sich hin, erhebt sich wieder, alles in einer Schwerfälligkeit, die ihre Schmerzen erahnen lässt. Sie ist unruhig, sie sei auf der Suche nach einem dunklen Ort, an dem sie sich verkriechen und sterben könne, hat meine Mutter gesagt, aber sie hat alle dunklen Ecken verriegelt, sie will nicht, dass der Hund unter das Sofa oder das Bett kriecht, wo sie sie nicht sehen kann, wo sie nicht bei ihr sein kann. Mit der Schaufel hebt sie das Loch aus, ich hole mir einen Stuhl, ein Glas Wasser und rauche vier Zigaretten, bis sie innehält, sich auf die Schaufel stützt und das Loch betrachtet. Sie hat einen erstaunlichen Berg Erde neben dem Loch aufgehäuft. Dann kommt sie zurück ins Haus, wäscht sich Hände und Gesicht, sie schwitzt, ihre Funktionskleidung ist klitschnass. *Fertig*, sagt sie und setzt einen Kaffee auf.

Wir sind also bei ihm, Sterbebegleiter für den Hund. Er hat sich zwischen Sessel und Sofa niedergelassen, ich sitze am Tisch, meine Mutter bringt Becher und Plätzchen, die Thermoskanne. Wir sitzen und warten und blicken den Hund an, der nur noch liegt und von Zeit zu Zeit seine Augen öffnet. Seine Atemzüge werden immer unrhythmischer. Meine Mutter weint, nimmt ein Plätzchen, trinkt Kaffee. Ich nehme ihre Hand, aber sie steht auf und kniet sich vor den Hund. Ich stelle mich hinter sie, lege meine Hand auf ihre Schulter.

Mama, wir müssen den Tierarzt rufen, das ist doch Quälerei, sage ich.

Ich will sie nicht einschläfern, ich will dabei sein. Ich will sie nicht wegschießen, verstehst du. Wir haben das bis hierher zusammen gemacht, und jetzt machen wir es zu Ende. Ich will, dass ihr Geist sich vom Körper verabschieden kann.

Mama!, rufe ich und will protestieren gegen diese spirituelle Selbstgefälligkeit, aber sie zieht mich zu sich auf den Boden, und so sitzen wir da und schweigen und sterben mit dem Hund. Die Wandersocken meiner Mutter, ihr Zeigefinger an der Tatze des Labradors, hocken wir betäubt unter der schweren Haube des süßlichen Geruchs, der aus dem Hund entweicht. Und da beginnt es zu tanzen in meinem Kopf, es wird kurz schwarz, und dann sehe ich nur die Schultern meiner Mutter, ein winziges Zucken, und ich denke, dass meine Mutter erstaunlich kleine Ohren hat und warum ich meine Beine nicht fühle und warum es sich dreht, warum sich hier alles dreht, und ich fühle etwas, den Hund oder seinen Schmerz oder seine Erlösung oder meinen Magen, verdreht und gewunden von zu vielen Zigaretten. Ich würde mich gerne bewegen, irgendetwas an mir, den Mund, die Hand, das Lid, ganz egal, ich möchte etwas bewegen, dieser Stille, dieser aus der Zeit gefallenen Situation etwas entgegensetzen, aber ich bin wie gelähmt, kann nur auf den Hund starren und seine kaum vorhandene Atmung imitieren. Das ist die Hitze, denke ich, das ist die Hitze, die dir in den Kopf greift, so wie man einen Welpen im Nacken greift und schüttelt, zur Erziehung, wie seine Hundemutter es tun würde. Ich sehe mich vor dem alten Labrador sitzen, der zwischen seinen unregelmäßigen Atemzügen plötzlich Krämpfe bekommt, erst mehrere kurze, dann zwei längere, und dann schließlich ist da ein Ton wie ein winziger Ruf tief aus dem Hund irgendwo. Ich fühle meine Hand wieder, hebe sie langsam an und drehe sie hin und her, ein winziges Kribbeln. Und ich betrachte sie, so als wäre sie nach Wochen gerade frisch aus einem Gips geschnitten. Langsam, ganz langsam lege ich sie auf den Schädel des Hundes und zucke augenblicklich zurück, weil ich spüre, deutlich und fest: meine Hand soll dort nicht liegen, darf dort nicht liegen, ich fühle das tatsächlich, es ist, wie wenn man zwei gleich gepolte Magnete aufeinanderzudrücken versucht, als wollte da wirklich etwas heraus. Ich könnte nicht sagen, wie lange dieser Moment dauert, aber dann plötzlich fließt es aus dem Hund heraus. Er pisst auf den Teppich, und es ist gut, dann ist die Zeit zurück, die ganze Anspannung verflogen, es ist, als hätte sich eine Ruhe im Raum ausgebreitet, ganz fühlbar.

Doris löst den letzten Kontakt, zieht ihre Hand mit dem ausgestreckten Zeigefinger in einer geraden Linie langsam und konzentriert von der Tatze des Hundes zu sich an ihren Körper, vor ihre Knie, knickt den Finger ein, ballt die Hand und steckt sie in die Tasche ihrer Funktionsweste, als müsste sie sie dort verstecken, als könne sie so etwas aufbewahren. Dann dreht sie den Kopf, sieht mich an und lächelt. *Jetzt ist sie weg*, sagt sie. *Komm, bringen wir sie in den Garten.*

Wir ziehen den noch warmen Hund auf eine alte Decke, schlagen ihn ein und tragen ihn zu zweit in den Garten. Meine Mutter schluchzt leise, ich sage kein Wort. Wir legen ihn in das Erdloch, ganz behutsam, als würde das noch eine Rolle spielen, und meine Mutter beginnt sofort und ohne weitere Zeremonien, die Erde vom Haufen in das Loch zu schaufeln. Sie schaufelt und schaufelt, dann hält sie plötzlich inne, sieht mich an.

Eigentlich hab ich nur auf 'nen Grund gewartet.

Mama. Du hast im Lotto gewonnen. Wie viel Grund brauchst du denn?

Ich lehne an der Hauswand, lasse Wasser in die Gießkanne laufen und sehe Doris zu, wie sie schaufelt und schaufelt, die Erde verteilt, dann die säuberlich gestapelten Grasquadrate einzeln darauflegt und andrückt. Ich bringe ihr die Gießkanne, mit der sie sie wässert, und zum ersten Mal wünsche ich mir, dass die Hitze noch bleibt, am besten einige Tage, und der Labrador unter der Erde fault und stinkt und hier in Ulrichs Garten sein Leichengift absondert.

Allen ist das Denken erlaubt, vielen bleibt es erspart, sagt meine Mutter und bekreuzigt sich. *Adieu.*

Sie dreht sich zu mir um und fragt: *Kannst du noch die ersten zwei, drei Tage hierbleiben? Nur in der Nähe, bisschen nach Ulrich sehen, du kannst bei Gine unterkommen, so lange. Du hast doch nichts zu tun grad.*

Ich schlucke, nicke dann vorsichtig und sage, *Mach ich,* und ich denke: Auf keinen Fall, sicherlich werde ich mich nicht um diesen Menschen kümmern, niemals würde ich das tun, es gibt keinen Grund, und wenn er sich vor den Zug werfen würde, mir wäre es gleich und für Mutter nur eine Möglichkeit weniger zurückzukehren, sich noch einmal für ein falsches Leben zu entscheiden.

Ja, sage ich, *mach dir keine Sorgen.*

Sie tätschelt meine Schulter, sieht auf das Grab. *Wenn dein Hund stirbt, stirbt ein Teil von dir*, sagt sie. Ich sehe auf ihren Trekkingschuh, mit dem sie den Boden fest andrückt, und ich muss an Ulrich denken. Vielleicht sollte ich doch noch ein paar Tage bleiben, ihm dabei zusehen, wie ein Teil von ihm stirbt. Möglicherweise hätte das einen therapeutischen Effekt. Vielleicht wäre es gut, zu sehen, ob dieser Mensch doch irgendwo ein anderes Gefühl in sich trägt, ob er zu etwas anderem fähig ist, als zu hassen und zu vernichten. Mutter dreht sich um und geht, wirft die Schaufel vor die Kellertür.

Ihr Taxi biegt in die Straße, ein verschwommener beigefarbener Punkt, der sich uns brummend nähert. Meine Mutter steht kräftig da im heißen Morgen, kaut ihr Kaugummi mit offenem Mund, dreht den Kopf, als müsste sie sich Überblick verschaffen über eine komplizierte Situation.

Hätt ich nicht gedacht, dass ich das noch mal mache.

Dass du 'ne Tasche packst und gehst?

Ja, dass ich das hier alles verlasse, dass ich einfach abhaue.

Ich auch nicht.

Aber ich meine: Wenn dir das Leben so eine Chance vor die Füße wirft, was willst du da machen? Ich bin auch wirklich ein bisschen nervös, wie alles wird, aber mal im Ernst: Ich bin erwachsen, ich hab im Lotto gewonnen, ich mach das jetzt einfach, eine Katze in Handschuhen fängt keine Mäuse.

Ich nicke, und wir grinsen. *Ich find's gut*, sage ich. Und sie nickt und sagt, *Ich weiß*, und nimmt mich in den Arm wie einen Mitspieler kurz nach Abpfiff, aber ich halte sie einfach fest, und nach ein paar Sekunden lockern sich ihre steifen Arme und legen sich richtig um mich, schließen mich ein für einen Moment. Bevor sie einsteigt, drückt sie mir ein Sparbuch und eine Kreditkarte in die Hand und zwinkert mir zu. *Mach was draus*, sagt sie und sieht mich an, nicht gönnerhaft, nicht mütterlich, sondern fast ein bisschen albern. *Ich ruf mal an.* Dann steigt sie ein und zieht die Tür zu. Hinter der verdunkelten Scheibe redet und lacht sie mit dem Taxifahrer, dann fährt der Wagen los. Ich sehe dem beigefarbenen Punkt zu, wie er sich in der Hitze langsam auflöst.

Ich trabe zurück ins Haus, setze mich an den Küchentisch und starre vor mich hin. Ich könnte tatsächlich bleiben, hier sitzen bleiben, eine hässliche Überraschung für Ulrich, ich könnte ihm gegenübertreten und ihm die Nachricht überbringen und sagen: Das hast du nun davon, du bist allein und verlassen. Ich könnte ihn auslachen, er hätte heute keine Macht mehr, längst nicht mehr die Kraft, ich könnte, wenn ich wollte, mich rächen.

Aber ich nehme nur die Pfanne, die auf dem Herd steht, zerschlage das Cerankochfeld, die Glastür zum Wintergarten und ein paar der Küchenfliesen. Dann wird es mir zu anstrengend, mein Blut pumpt und fühlt sich klumpig an in der Hitze. Ich nehme meinen Rucksack und gehe, die absurde Summe auf dem Sparkonto als Schmerzensgeld, ich will ihn einfach nie wieder sehen, nie wieder riechen müssen, nie wieder seine Herrschaft erdulden. Es reicht, zu wissen, wohin er zurückkehren wird, in ein selbstgebautes Nichts.

Die Ansage blechern und wie aus einer anderen Welt. Wie auf Befehl trinke ich den Kaffee aus, zerknülle den Becher und werfe ihn ins Gleisbett. Ich hatte lange nichts von Doris gehört, dann lag vor zwei Wochen diese Postkarte mit Uhrzeit und Gleis in meinem Briefkasten. Und hier bin ich.

Als der Zug krachend einfährt, muss ich lachen. Ich freue mich auf meine Mutter, ich bin gespannt.

Leif Randt

Die besten Freunde der Welt

Jedes Jahr im Sommer, dann, wenn es am heißesten ist, fahren wir nach Palma de Mallorca. Wir machen keine Ausflüge ins Hinterland, wir mieten keinen PKW, wir bleiben der Küste für ganze sieben Tage treu; Mirko, Barnabas und ich. Es ist immer dieselbe Unterkunft, ein wohnblockähnliches anthrazitfarbenes Hotel, in dem sich an jedem Abend leger gekleidete Männer und Frauen um die Buffetmeile drängen. Die vorgewärmten Teller werden von Gästen aus ganz Europa mit Curryreis, Kalbsgulasch und Paprika-Hähnchenflügeln behäuft. Seit dem Jahr 2000 mieten wir regelmäßig drei Einzelzimmer, eines davon mit Balkon und Seeblick als Treffpunkt zum Rauchen.

Die ironische Distanz, mit der wir bisher noch jeden Sommer in eine Maschine der Condor-Fluggesellschaft gestiegen sind, verliert sich regelmäßig im Laufe der ersten Nacht. Traditionellerweise teilen wir uns am Strand sitzend einen Eimer mit Orangenlikör, gesüßten Früchten und spanischem Rotwein. Wir saugen das Mischgetränk durch schmale, überlange Strohhalme in uns hinein, die blanken Füße haben wir dabei in feinem Sand verbuddelt.

Der Gründungsmythos dieser regelmäßigen Urlaube geht zurück auf eine Reise nach Calella an der Costa Brava. Damals, 1999, als Mirko, Barnabas und ich gerade unsere letzten Abiturprüfungen in Kassel, Tübingen und Braunschweig hinter uns gebracht hatten, fuhren wir mit unseren Jahrgangsstufen zum Glücklichsein nach Spanien. Nicht weil wir die Menschen in unseren Jahrgängen so sehr gemocht hätten, sondern weil man es damals, in den späten 90er Jahren, so machte: Aus dem letzten offiziellen Jugendsommer wollte man obszön ausgelassene Erinnerungen mit in den neuen, ungewissen Alltag nehmen, Fotos, auf denen die Augen vom Alkohol glasig und die Wangen von der Sonne glühend rot gefärbt sind, auf denen man seine Arme um dralle, namenlose Blondinen legt, die man nicht so leicht vergisst. Während eben jene unverwechselbaren Bilder entstanden, lernten wir uns kennen. Barnabas plante, nach Berlin zu ziehen, um als Stylist oder Musiker zu arbeiten; Mirko und ich planten das auch, und nur ein knappes Jahr später lebten wir in quadratmeterreichen WG-Zimmern im Prenzlauer Berg. Mirko wohnt dort bis heute, Barnabas ist nach Kreuzberg gezogen, ich an den Savignyplatz. Wir sehen uns in letzter Zeit weit seltener, als man es vermuten würde. Auch als Freiberufler sind wir an einen Alltagsrhythmus gebunden, und die Distanzen zwischen unseren Wohnungen sind nicht mehr so schnell zu überbrücken wie damals, als der ehemalige Osten noch jugendlich war und glühte. Umso enormer ist die Euphorie für unseren Ausflug nach Palma, insbesondere dieses Jahr, mit Anbruch des neuen Jahrzehnts.

2008 haben wir an unserem letzten Abend, einem besonders legendären in der Bar Havanna Moon Puerto Portals, drei überaus attraktive Mädchen aus der Münchner Gastronomieszene kennen gelernt; Paula, Amanda und Jenny. Die Mädchen waren maximal fünf Jahre jünger und pflegten eine ganz ähnliche Reisetradition wie wir. Amanda war brünett und genau mein Typ, ein bisschen zu rund, mit liebenswerten Gesichtszügen und warmer Ausstrahlung. Unser etwas blasser Mirko verfiel der sommersprossigen Paula, und der ikonenhafte Barnabas schickte sich an, mit der herausragenden Jenny eine perfekte Symbiose zu bilden; das aschblonde Mädchen sah vermögend und sinnlich aus, wie ein prachtvoller Ponyhof.

Die Tragik dieses Sommers 2008 war jedoch, dass die drei Münchnerinnen sozusagen schon auf ihren Rollkoffern saßen, sie hatten ihre Hotelzimmer wenige Stunden zuvor verlassen und drei Schließfächer belegt; der Shuttlebus in Richtung Airport sollte sie bereits um 4 Uhr 20 aus unseren Armen reißen. Barnabas, abgeklärt und trotzdem voller Leidenschaft, ließ sich die Kontaktdaten von Jenny, die zu ihm passte, wie Menschen sonst nur in sehr erotischen Filmen zueinander passen, nicht entgehen.

In dem hektischen Arbeitsalltag, der naturgemäß auf unseren Urlaub folgte, erhielt er über soziale Netzwerke wiederholt kurze Nachrichten von Jenny aus München. Sie lud uns für den Frühwinter zu Skiwochenenden ins Allgäu ein. Leider ließ sich keines dieser Wochenenden realisieren, auch die zur Debatte stehenden Roadtrips nach Bayern wurden regelmäßig vertagt, und dann kam es noch schlimmer: im Sommer 2009 sollte die traditionelle Mallorca-Reise der drei bayerischen Mädchen entfallen, da eine von ihnen – ausgerechnet meine schöne Amanda – ihr Examen vor sich hatte. Via Facebook erfuhr Barnabas, dass die anderen beiden ohne Amanda selbstverständlich nicht in den Urlaub fahren wollten. Wir begannen, die drei als seelenverwandt zu empfinden.

Letztes Jahr auf Mallorca saßen wir dann manchmal während eines Sonnenuntergangs im feinen Sand und waren trotz süßer Bowle mit unseren Gedanken leicht melancholisch in München. So erlebten wir in 2009 erstmals schwermütige Phasen in Palma. Herbst und Winter zogen schnell vorbei, mein dreißigster Geburtstag wurde in der Kreuzberger Szene-Bar *Monarch* aufs

Äußerste begossen, das Jahrzehnt wechselte in Barnabas' neuer, etwas kleinerer Wohnung am Schlesischen Tor, und im Frühjahr 2010 schickte dann Jenny aus München ihren Reiseplan für Juli an uns alle. Es musste die Vorfreude auf die Mädchen von 2008 in Palma de Mallorca gewesen sein, die uns während des ersten, arbeitsintensiven Halbjahres der neuen Dekade so sehr beflügelte, dass wir in unseren jeweiligen Berufssparten ungeahnt erfolgreich waren. Ich verkaufte einen ersten Kriminalroman an den Piper Verlag, mit Option auf weitere Bücher, und Mirko gestaltete die neue Webpräsenz des Museums Hamburger Bahnhof. Barnabas schaffte es mit seinem Gesicht auf das Cover der neuen Berliner Zeitschrift Traffic und komponierte die Musik zu einem TV-Werbespot von L'Oréal. Palma konnte kommen!

Dieses Jahr darf wieder Barnabas in das Zimmer mit Balkon, erstens ist er der stärkste Raucher von uns, zweitens war er es, der den Draht nach München stets heiß hielt. Seit ich ihn kenne, nunmehr elf Jahre, hat er die Angewohnheit, sich bei den ersten Sonnenstrahlen sein T-Shirt auszuziehen und sich intuitiv am Oberkörper zu betasten. Beide Zeigefinger kreisen dann wie nebenbei um seine kleinen, harten Brustwarzen. Mirko und ich schmunzeln darüber, als wir zu dritt auf Barnabas' Balkon stehen, denn wir sind mit seiner Nippel-Geste aus sämtlichen Sommerurlauben vertraut. Ich denke, dass es vor allem solche Details sind, die enge Freunde zu besten Freunden machen.

Bei Wikipedia ist nachzulesen, dass der Name Barnabas aus dem Aramäischen stammt und angeblich »Sohn des Trostes« bedeutet. Ich bin nicht sicher, ob Barnabas diesen Eintrag kennt, doch ich glaube, dass er sich schon rein intuitiv als ein »Sohn des Trostes« begreift. Dieses Jahr ist er besonders gut für den Urlaub präpariert, seine Haut ist vorgetönt, und sämtliche

Muskelzonen wirken definiert und symmetrisch. Von Mirko kann man das zwar nicht behaupten, doch immerhin trägt er eine neue, gepflegte Frisur mit ausrasiertem Nacken. Ich habe mir eine engere einfarbige Badeshorts gekauft, in der ich weniger jungenhaft erscheine, außerdem lasse ich erstmals mein dünnes Brusthaar ungestutzt stehen; sterile Ken-Bodys gehören bekanntlich der Vergangenheit an. Nach der ersten Zigarette – Mirko und ich rauchen ausschließlich auf Mallorca – verlassen wir das Hotel in Badekleidung. Mit Jenny, Amanda und Paula sind wir nachts im Titos Palma verabredet, ihr Flieger landet erst am Abend. »*Zeit für unser wichtigstes Ritual!*«, sagt Mirko lächelnd. Im Alltag wirkt er wie der Intellektuellste von uns – mit schwarzer Lesebrille in der U-Bahn sitzend –, doch auf Palma de Mallorca gehen »*die Pferde mit ihm durch*«, dort lässt er »*Fünfe gerade*« und »*den lieben Gott einen guten Mann*« sein. Jede einzelne dieser Formulierungen hat er bisher noch in jedem Jahr wiederholt. Ich gehe davon aus, dass er sich darüber vollkommen im Klaren ist.

Ohne uns eingecremt zu haben, sind wir auf dem Weg zum Strand. Ich lege mir ein Saunahandtuch um den Hals, um mich damit vor den offensichtlichsten Verbrennungen zu schützen. Unsere Füße bewegen sich schnell über den aufgeheizten Sand, »*34*« steht auf einer digitalen Temperaturanzeige unter einer wehenden spanischen Flagge. In Westberlin waren es zuletzt 21 Grad, manchmal nieselte es sogar; ein schrecklicher, monochromer Juli in Deutschlands einziger Metropole und nun das gleißende Blau einer absolut trockenen Hitzeperiode in Palma de Mallorca. Erste kleine Euphorieinseln bilden sich in meinem Unterleib. Mir fallen deutsche Kinder mit fruchtigen Eisriegeln auf. Unfreiwillig wirken sie auf mich wie eine Marketingperformance, die uns weiter über den Strand, hin zu den riesigen Langnese-Flaggen treiben soll. Nur Minuten darauf stehen wir mit Soleros und Magnums unter einem Sonnenschirm und lauschen der Brandung. »*Ich hole die erste Bowle*«, sagt Barnabas mit Schokoladenresten an den Lippen.

»*Ich finde es gut, dass wir uns in den Schatten gesetzt haben*«, erwähnt Mirko eine halbe Stunde später, und er erwähnt auch, dass es ihm peinlich wäre, am Abend seine Paula gleich mit schlimmem Sonnenbrand zu begrüßen. Ich sitze weit rechts unter dem Sonnensegel, nur bis zu den Knien mit Schatten bedeckt, und blicke auf Mirkos Schulter. Kurz kommt es mir vor, als wären die Unregelmäßigkeiten seines Teints seit letztem Jahr deutlicher geworden, als schade das neue Licht seiner Haut. Die Sonne der frühen 10er ist vielleicht nicht mehr zu vergleichen mit der Sonne der späten 90er Jahre, die Abiturienten noch scharenweise knackbraun gefärbt und mit Glücksenergie aufgeladen hat. Wir pumpen fortwährend Bowle durch die Strohhalme, und ich merke, wie mich jetzt jeder einzelne Gedanke emotionaler macht. Barnabas blickt auf sein iPhone und liest eine Kurznachricht laut vor: »*Hey, ihr Berliner Jungs. Wir sind schon im Hotel angekommen und wollen später noch ans Buffet. Ihr auch?*« Unsere erste Reaktion ist eigentlich ein bisschen peinlich, wir johlen und jubeln und liegen uns sogar in den Armen. Unsere Haut riecht bereits sehr nach Sonne, fällt mir dabei auf, und die Bowle ist noch lange nicht leer. Mirko sagt wieder einen Satz, den er außerhalb von Palma de Mallorca niemals formulieren würde: »*Dann haue ich mich vor dem Essen aber noch mal kurz aufs Ohr.*«

Tatsächlich ist es erstaunlich offensiv und aufregend von den Mädchen, dass sie aus purer Ungeduld unsere eigentliche Verabredung für die Diskonacht auf den frühen Abend vorziehen und damit um viele Stunden ausdehnen wollen. In meinem Einzelzimmer creme ich meine Waden mit kühlender After-Sun-Lotion ein. Mit diesen Waden sollte ich besser keine Bermudas anziehen, denke ich, sonst glauben die Leute, mein Umgang mit Sonne sei unbeholfen oder gar fahrlässig. Ich entscheide mich für eine lange Hose aus beigefarbenem Leinen, dazu ein leichtes Hemd aus hellblauer Baumwolle. Als ich mein Zimmer verlasse, spüre ich den Orangenlikör und den spanischen Wein vom Nachmittag als beständiges Dröhnen. Im Fahrstuhl begegnen mir Leute, zwei zu junge Mädchen, wahrscheinlich noch Schülerinnen, und ein mutmaßlicher Rentner mit verbranntem Gesicht. Der Rentner und ich grüßen uns auf Englisch mit deutschem Akzent.

Am Buffet steht bereits Barnabas in seinem nicht ganz zugeknöpften Hemd von American Apparel und sieht fantastisch aus. Ich reihe mich neben ihm ein: »*Sind sie schon da?*« – »*Nein, nein. Jenny meinte, sie kommen erst gegen acht.*« Barnabas mustert mich und sagt dann: »*Das ist eine schicke Hose, Kevin.*« – »*Danke. Die hatte ich schon, als ich 22 war. Dann habe ich sie jahrelang nicht angezogen. Jetzt ist sie wieder in Mode. Manchmal ist es voll clever, seine alten Teile noch einmal durchzusehen.*« – »*Auf jeden Fall!*« Wir legen uns würzige Hähnchenflügel auf die vorgewärmten Teller. »*Was ist eigentlich mit Mirko?*« – »*Der ist da vorne schon am Essen.*« Barnabas deutet auf einen Tisch am Fenster, durch das der etwas zu kleine Hotelpool zu sehen ist. Mirko löffelt eine Suppe, vermutlich die Rinderkraftbrühe. Der Tisch ist gerade groß genug für sechs Personen, ich gehe davon aus, dass Barnabas und Mirko auf allen Stühlen etwas abgelegt haben, um zu markieren, dass sie besetzt sind. Als wir mit den Hähnchenflügeln und einigen Röstkartoffeln auf unseren Tellern auf Mirko zugehen, fällt mir auf, dass er trotz Schlafs noch recht angetrunken aussieht. Dann sehe ich das Glas Campari neben seiner Suppe stehen. »*Der Mirko ist ja mal volle Kanne motiviert*«, sage ich im Spaß, und Mirko schaut zu mir auf und hebt einen Daumen wie ein sehr unreflektierter Urlauber, was mir sofort gute Laune macht. Nach der leisen Melancholie mit Ende zwanzig im Sommer 2009 sind wir 2010 als waschechte Frisch-Dreißiger wieder ganz die Alten. Ich ordere zwei Gin Tonics für Barnabas und mich. Barnabas nagt an dem würzigen Hähnchenflügel, als hätte er keinerlei Angst vor Fettflecken auf seinem Hemd. »*Haltet ihr Ausschau nach den Münchnerinnen?*« Mirko wirkt ein bisschen besorgt, Barnabas antwortet streng: »*Die werden Ausschau nach uns halten. Don't worry.*«

Nach einer Portion Spareribs mit grünem Salat hole ich mir noch einen letzten Gang, das Dessert, eine feine Mousse, die nach Mokka schmeckt. Die Kellner bringen fortwährend Gin Tonics an unseren Tisch, mittlerweile haben wir uns alle drei komplett auf diesen Drink eingeschossen. Von den Münchnerinnen fehlt noch jede Spur. Mirko setzt sein Glas mit Wucht vor sich ab. »*Was denkt ihr? Haben die vielleicht in einem anderen Hotel eingecheckt?*« Barnabas lehnt sich zurück. »*Junge, es ist gerade mal halb neun. Entspann dich mal ein bisschen.*« Dann gibt er einem Kellner ein Handzeichen, bestellt sechs Gin Tonics und zwinkert uns zu. Mirko und ich schauen uns an, wir sind jetzt alle hochemotional. Barnabas greift sich für etwa eine halbe Sekunde mit beiden Händen an seine Brust, und als bestünde ein Zusammenhang zwischen seiner Nippel-Geste und den Münchner Mädchen, betreten diese plötzlich den Speisesaal. Paula trägt ein weißes Sommerkleid, das ihr rötliches Haar schimmern lässt, Amanda scheint zugenommen zu haben, jedoch nicht zu ihrem Nachteil, wie ich finde, und die aschblonde Jenny folgt den anderen beiden als purer Sex. Zuerst grinsen sie suchend in den Raum, dann erkennen sie uns und kommen auf uns zu. Wir stehen sofort auf, ich stolpere fast, Mirko stößt sich das Knie am Tisch und lacht etwas zu laut über sich selbst. Barnabas berührt seine Jenny an den Oberarmen, drückt ihr einen sanften Kuss auf beide Wangen und sagt: »*Schön, euch zu sehen.*« Dann begrüßt er auch Paula und Amanda auf seine ungekünstelte, herzliche Art. Die Mädchengesichter strahlen uns an, als seien sie noch von der Sonne der späten 90er Jahre mit Glücksenergie aufgeladen. Kurz frage ich mich, wie jung diese Frauen eigentlich noch sind. Dann blicke ich Amanda ins Gesicht und rieche ihr Parfum. Trotz Körperfülle sind um ihre Augen feine Falten zu erkennen, außerdem hat sie bereits ihr Examen gemacht, sie müsste locker 26 Jahre alt sein. Das ist absolut okay, denke ich kurz, und dann prosten wir uns mit unseren sechs Gin Tonics zu; der Abend beginnt.

Im Titos Palma haben wir Stunden später einen Pegel erreicht, den ich in gewissen Momenten als grenzwertig, wenn auch phänomenal empfinde. Wir sind bei Colamischgetränken angelangt, das Koffein wird uns in die frühen Morgenstunden hineintragen, hoffe ich, mit beiden Armen in der Luft frenetisch zum Song winkend. Zwischendurch kann ich immer wieder Amandas Brüste an meinem Körper spüren, denn Mallorcas traditionsreichste Diskothek ist hoffnungslos überfüllt; wir werden alle aneinandergedrängt. Mirko und Paula scheinen sich intensiv zu unterhalten, umrauscht vom Tanz der Masse, und Barnabas und Jenny verschmelzen beim Zungenkuss zu einem gemeinsamen, makellosen Körper. Ich denke, dass all dies keinesfalls noch zu toppen ist, bis Amanda plötzlich den Vorschlag macht, am Strand auf den Sonnenaufgang zu warten, mit einer Bowle und sechs langen Strohhalmen. Also holen wir an der Garderobe die Lederhandtaschen der Mädchen ab, und während diese kurz auf ihre Handys blicken, spüre ich, wie nassgeschwitzt mein Hemd ist, doch es ist mir egal. Vor Amanda muss mir nichts peinlich sein, wir vertrauen uns sehr.

Draußen an der frischen Luft ist es sogar wärmer als im *Titos Palma*, die Klimaanlage dort erstaunt uns jedes Jahr aufs Neue, und immer denken wir dann, dass sich viele Berliner

Szeneclubs mal eine große Scheibe von dieser mallorquinischen Partytechnik abschneiden könnten. Auf unserem Weg zum Strand müssen wir die leicht wankenden Münchner Mädchen führen, dabei ist auch unser eigener Gang nicht mehr ganz rund. »*Was für eine Nacht!*«, ruft Mirko wie im Stimmbruch, und Jenny sagt an Barnabas' Seite: »*Willkommen im Urlaub, Mädels.*« Unsere neuen Münchner Freundinnen jubeln aus unserer zärtlichen Umklammerung heraus. Paula fährt Mirko mit der Handfläche über den kurz rasierten Nacken, und Amanda streichelt meinen Po durch die Gesäßtaschen der Leinenhose hindurch.

Als wir um den Bowleeimer herumsitzen, mit den Knien in feinem Sand, hole ich inhaltlich weit aus und klinge etwas heiser dabei: »*Zehn Jahre in der geilsten Stadt der Welt ... und zehn Jahre Mallorca ... Jungs, was haben wir zusammen schon für schöne Stunden ...*« Mirko fällt mir ins Wort: »*Und heute erleben wir die schönsten!*« Von Jenny und Barnabas sind längst nur noch leidenschaftliche Schmatzgeräusche zu hören. Amanda und Paula blicken uns an, ihre Augen sind glasig, wir trinken zu viert aus der Bowle. Schon bald legt sich Paulas langes rotes Haar wie Feuer in den Sand, und Mirko sinkt zu ihr hinab. Zuletzt sitzen nur noch Amanda und ich halb aufrecht da, unter dem Sternenzelt mit Strohhalmen im Mund, bis die brünette 26-Jährige anfängt, in mein Ohr zu atmen. Zwischendurch flüstert sie, dass sie im Laufe dieser Urlaubswoche einmal gerne bei mir in meinem Einzelzimmer übernachten würde. Und dann küssen wir uns, zuerst ganz vorsichtig, später heftig mit unseren Zungen, während am Horizont die Sonne aufgeht und noch gut ein Liter Bowle übrig ist. –

Thomas Pletzinger

Our Glacial Period

Chest pain, antwortet Hundhausen auf die Frage, warum er heute hier im Saint Vincent's Hospital Manhattan sei. Die asiatische Krankenschwester in Grün vermerkt Hundhausens Selbstdiagnose in einem Formular (*triage nurse* auf einem Schild am Eingang des Zimmers).

Name?

Hundhausen.

Excuse me? Can you spell that?

Hundhausen buchstabiert laut und deutlich seinen Namen: S – T – E – F – A – N. Ein Pfleger misst durch Hemd und Jackett seinen Blutdruck, die Schwester schreibt das Ergebnis in das vorgesehene Kästchen.

Okay, age?

42.

Insurance?

Deutsche Krankenversicherung.

Are you kidding me? Can you spell that?

Hundhausen ist nur auf der Durchreise. Am Sonntag ist er in New York gelandet, Gepäck verloren, 97,2 °F auf dem Thermometer im Lost & Found, dann Taxi ins Hotel, zwei Dormolax und Rotwein, dann aber trotzdem nur drei Stunden geschlafen. Aufgewacht und wachgelegen, bis es vor dem Fenster dämmerte. Hochsommer in New York, Hochsommer im 23. Stockwerk über dem Union Square. Mittwochmorgen muss Hundhausen weiter nach Chicago, Donnerstag nach Iowa City, Freitag Boston, Samstag Middlebury College, Sonntag Portland, Maine. Hundhausens amerikanischer Verlag hat diese Reise vor Monaten geplant, die Übersetzung seines letzten Romans ist gerade erschienen, sie wurde mit dem seltsamen Titel *Our Glacial Period* mitten ins Sommerloch geworfen. Übernächste Woche zurück nach Frankfurt, dann Hanau und Darmstadt. Hundhausen hat nicht absagen können, es ging einfach nicht, am Dienstagabend soll er an der NYU lesen, Tom Bissell wird ihn vorstellen. Zum Schluss ausgerechnet Darmstadt, hat Hundhausen gedacht, ausgerechnet. Zur Erholung ist er eine halbe Stunde spazieren gegangen, aber selbst die Kaffeeläden waren noch geschlossen. Bei Sonnenaufgang ein beklemmendes Gefühl am völlig leeren Union Square: Ich sollte nicht hier sein, hat Hundhausen gedacht. Er ist sich plötzlich allein vorgekommen, ein Thermometer hat derartig frühmorgens bereits 82 °F angezeigt. Zurück im Hotelzimmer dann acht Stunden vor dem Computer und kein vernünftiges Wort geschrieben: die zwei Artikel nicht, die er bereits abgegeben haben müsste, die Korrespondenzen nicht, die er führen sollte, 34 E-Mail-Entwürfe, davon drei mehr oder weniger privat. Eine an seine Frau (Britt), eine an seine Affäre (Marica), eine an seine Mutter, die statt Briefen jetzt auch E-Mails schreibt. Hundhausens Telefon hat geklingelt: ob er noch zwei Interviews geben könne? Seine Mutter schreibt meist bezüglich einer Erbgeschichte von beträchtlichen Ausmaßen, Marica verfasst erhebliche E-Mails zu ihrer Affäre von ausdauernder Länge, Britt schickt kurze Notizen zu ihrer Krankheit. Hundhausens Telefon klingelt, alle wollen irgendetwas von Hundhausen: der Verlag, die Redaktion, die Veranstalter, Marica will ihn ganz, seine Mutter will Klarheit (Britt will nicht sterben). Britt und Marica und seine Mutter sind Hundhausen weit entfernt vorgekommen. Hundhausen ist immer auf der Durchreise.

Gestern, früher Montagnachmittag: Eiskaffee mit Hundhausens Übersetzerin am Irving Place, 99,7 °F. Hundhausen hat für zwei Minuten seine Angst vergessen und ist sofort unglaublich müde geworden. Hundhausen hat versucht, seiner Übersetzerin zuzuhören: Hundhausen sei erfolgreich, sein vierter Roman sei selbst in Amerika aussichtsreich gestartet, er solle verfilmt werden, wie seine drei Vorgänger ebenfalls verfilmt wurden, ein Kritiker habe die »beißende Klarheit«, die »durchtriebene Nüchternheit« und den »eisklaren Humor« in Hundhausens Werk gelobt. Hundhausen habe sein Leben im Griff, hat die Übersetzerin gesagt und gelächelt, Hundhausen sei bescheiden geblieben, ob er noch immer zur Miete am Kreuzberger Paul-Lincke-Ufer wohne? Hundhausen ist abgedriftet (Britt wird im Urban-Krankenhaus bestrahlt). Er hat Marica in einer Buchhandlung kennengelernt, sie Studentin der europäischen Ethnologie, er bekannter Schriftsteller. Hundhausen hat das Rauchen aufgegeben, seit Marica ihn zum ersten Mal in einem schwachen Moment erwischt hat (Hundhausen versucht, sich daran nicht zu erinnern). Britt hat Marica an Hundhausen gerochen, obwohl ihre Zunge nur noch Grapefruit und Zitronen schmecken konnte. Hundhausens Telefon hat geklingelt, ob er am Abend mit diesem Drehbuchautor und jenem Schauspieler essen könne? Hundhausens Roman handele ja vom Sterben einer starken Frau, hat die Übersetzerin gesagt und ist über Hundhausens Hand gefahren, *it absolutely blew me away, your book absolutely conveys the cruel irreversibilty of sickness and death* (Britt hatte gelächelt und Hundhausen vor sich hin lügen lassen wie einen kleinen Jungen). Hundhausens nächstes Buch hat wieder einen männlichen Protagonisten. Hundhausen glaubt nicht an Gott, aber er empfindet seinen Atheismus zunehmend als unsicher. Hundhausen erinnert sich an Britts Winken, als er die Wohnung verlassen hat, Hundhausen sollte nicht hier sein. Hundhausen rechnet mit Bestrafung.

In der Nacht von Montag auf Dienstag: Loup de Mer und eine Flasche Rotwein, dann drei Dormolax, 87 °F. Hundhausens Telefon hat geklingelt: ob er endlich den Artikel geschrieben habe? Gegen vier Uhr dann weder schlafen noch schreiben können. Hundhausen ist an seinen einfachen Sätzen gescheitert. Er hat in seinem Hotelzimmer gesessen und den Sirenen zugehört, der Klimaanlage, er hat die Zeitumstellung in seinen kalten Füßen gespürt, trotz der Hitze, dann auch im Schweiß auf seiner Stirn. Hundhausen hat sich den Nacken verlegen. Er hat an Britt gedacht, ihre eingebrochenen Wangen und fahrigen Finger. Hundhausen hat dann versucht, eine Zeitschrift zu lesen. In seinem Zimmer liegen *Spiegel* und *Gala* und so weiter, wahrscheinlich weil Hundhausen einen deutschen Pass besitzt. Im *Stern* ist es um typische Krankheiten der Deutschen und korrekte Früherkennung der Symptome gegangen. *Regelmäßige Darmspiegelungen!* hat dort gestanden (Britt ist nicht mehr zu helfen). Hundhausen hat versucht, seine Schweißausbrüche mit einer Dusche zu vertreiben (Durchblutungsstörungen), er hat versucht, sich vom Pornokanal stimulieren zu lassen, was normalerweise das Einschlafen erleichtert (Impotenz). Marica schwört auf Meditation, aber Hundhausen kann sich nicht fallen lassen. Hundhausen hat seine Hoden abgetastet, die Lymphknoten am Hals, die Schilddrüse (dort, wo Hundhausen seine Schilddrüse vermutet). Hundhausen schwört auf Dormolax, aber er hat keine Tabletten mehr übrig gehabt. Hundhausen kennt Marica auf den Tag genau seit Britts Diagnose im Mai 2004. Mit dieser Sache, hat Hundhausen plötzlich festgestellt, bin ich nicht im Reinen. Hundhausen hat plötzlich überall Anzeichen für seine Schuld gesucht und erfunden, er hat noch ein Glas Wein getrunken und dann eine Leberzirrhose für möglich gehalten. Hundhausen hat Liegestütze gemacht und bei Nummer 29 einen Schmerz im linken Arm bemerkt, ein Stechen in seiner Brust (Herzinfarkt). Hundhausen hat schlagartig Angst vor dem Tod gehabt.

Heute Morgen: Hundhausen in der Hotellobby zwischen riesigen Liliensträußen, seit zwei Tagen ohne Schlaf. Er hat in einem gewaltigen Sessel gesessen und sich bemüht, die Zeitung zu lesen. Erst *New York Times*, dann irgendetwas Französisches mit bunten Bildern. Er hat sich nicht konzentrieren können, lediglich einzelne Wörter sind ihm ins Auge gefallen, direkt in Hundhausens Kopf haben sie begonnen, sich im Kreis zu drehen, Sarkozy irgendetwas, Yankees soundso, Afghanistan, Paris, 103 °F. Hundhausen hat Britt vor sich gesehen, und ein Satz aus der Zeitung hat sich um sein Bild von ihr gewickelt, um Britt und ihre schmalen Hüften, ihre jetzt prophylaktisch kurz geschnittenen Haare, ihre Tränen, ihre Telefonnummer, 030 98 34 34 9, ein Bild von Britney Spears mit Glatze, und immer wieder 030 98 34 34 9. Und so weiter. Hundhausen hat Britt nicht anrufen können, aber andauernd ihre Telefonnummer denken müssen. Stattdessen hat er eine kurze Sekunde Marica vor der Fensterscheibe des Hotels entlanglaufen sehen, in einem leuchtend roten Kostüm. Hundhausen hat sich erschrocken. Ausgerechnet jetzt, ausgerechnet Marica! Hundhausen ist aufgefahren, als der Kellner nach seinem Wohlbefinden gefragt hat: *Anything to drink, sir?* Hundhausen hat ein Glas Eiswasser bestellt, aber das Eis ist geschmolzen, ohne dass Hundhausen das Glas berührt hätte. Marica! Hundhausen hat starr auf die Zeitungsseiten geblickt. Was will sie hier? Eigentlich müsste ich mich für die Diskussion an der NYU vorbereiten, hat er immer wieder gedacht, eigentlich sollte ich schlafen. Hundhausens

Telefon hat geklingelt: ob er dieses, ob er jenes? Eine Frau im roten Kostüm hat Hundhausen in Schweiß ausbrechen lassen, Marica, schon wieder! Was will sie von mir? Hundhausen hat Britt plötzlich vermisst und gefürchtet, sie niemals wiederzusehen. Auf der 3rd Avenue hat der Sommerwind eine Papiertüte vor sich her getrieben, und Hundhausen ist zusammengezuckt, die Tüte ist ihm beängstigend lebendig erschienen, als habe sie direkt mit ihm zu tun. Hundhausen hat sich vor einer Papiertüte gefürchtet und plötzlich Angst gehabt, über all diese Dinge den Verstand zu verlieren.

Hundhausen gegen Mittag: er ist ein paar Minuten oder Stunden am Fluss entlanggelaufen, um klare Luft zu atmen und verständliche Gedanken zu fassen, aber es gibt keine klare Luft in diesen Tagen. Auf dem Hudson ein Militärschiff, halbnackte Jogger und Radfahrer, die Schlachthöfe in Hundhausens Rücken. Es ist ihm vorgekommen, als beobachteten ihn die Spaziergänger und ihre Hunde. Hundhausen hat seine Unruhe bemerkt und sich verstecken wollen. In einem Coffeeshop an der Perry Street hat Hundhausen an der Wand gelehnt und wieder eigenartig kalt geschwitzt. Er hat sich für Eistee entschieden. Ein dunkler Dobermann an einer Leine hat Hundhausen angesehen, und Hundhausen hat wieder den Tod im Kopf gehabt, Britts Gewichtsverlust, seine eigene dünne Haut, seine Schilddrüse, seine Hoden, seine Leber. Seit der Chemotherapie trinkt Britt nur noch Zitrone, sie isst nur noch Grapefruit, sie schmeckt nur noch Versalzenes und Überscharfes. Hundhausen hat sein Herz schlagen hören, er hat ein Stolpern bemerkt, eine Unregelmäßigkeit. Hundhausens linker Arm hat sich plötzlich taub angefühlt, auf Herzhöhe hat sich ein Stechen um seinen Oberkörper geschlungen. Hundhausen hat sich gefragt, ob er alt genug zum Sterben sei. Hundhausens rechte Hand hat gezittert. Hundhausen hat versucht, seine Gedanken zu notieren, aber seine Worte haben keinen Zusammenhang ergeben (Britt ist jünger als er). Ich sollte nicht hier sein, hat Hundhausen gedacht, ich wäre besser im Krankenhaus. Hundhausen hat seine Übersetzerin angerufen und nach der nächstgelegenen Klinik gefragt: *Saint Vincent Catholic Medical Center Manhattan.* Hundhausen ist aufgestanden, Hundhausen hat gezahlt, Hundhausen hat sich ein Taxi zur Klinik genommen.

Hundhausen in der Notaufnahme. Die erste Schwester hilft ihm in ein Frotteehemd, obwohl er es alleine anziehen könnte. Er muss sich hinlegen, obwohl er stehen könnte. Die zweite Schwester schiebt ihn in einen Saal voller Patienten, man zieht Vorhänge aus dünnem Plastik um sein Bett. Hundhausen hört das Knistern, er hört das Ächzen, er hört das Flüstern der Angehörigen. Er liegt auf dem Bett, seine Tasche zu seinen Füßen, darin sein Telefon. Hundhausen wird mit einem Mal klar, dass er in der Notaufnahme eines Krankenhauses liegt, und er ist überrascht, wie weit es mit ihm gekommen ist. Eine dritte Schwester gibt ihm eine Aspirin, *an aspirin a day keeps the doctor away*, sagt sie. Moment, sagt Hundhausen, er habe nur fragen wollen, ob seine Sorgen gerechtfertigt seien, er habe nur den Tod ausschließen wollen. *Honey,* sagt die dritte Schwester, *there is no kidding around with chest pains.*

Ein Pfleger kommt und verteilt weiße Armbänder, er ruft alle Patienten nacheinander auf, rechts neben Hundhausen liegt Torres/José, links Krystowiak/Stewart. Torres stöhnt, Krystowiak redet vor sich hin, die New York Knicks seien nicht mehr das, was sie einst mit Patrick Ewing gewesen seien, jetzt seien sie ein Haufen Egozentriker, Stephon Marbury zuvorderst, *as a basketball point guard, you have to be the king of no*, man müsse Entscheidungen treffen. Hundhausen findet, dass seine Entscheidungen häufiger falsch als richtig sind, Hundhausen kann nicht nein sagen. *The king of no*, denkt Hundhausen, *the king of no.* Hundhausen? Hier, *here.* Der Pfleger bindet ihm das Armband um wie einem Neugeborenen, darauf Hundhausens Name, sein Geburtsdatum und das Datum seiner Einlieferung. Das Wort »Emergency Room« fällt Hundhausen ins Auge, er denkt an George Clooney. George Clooney führt zu Matt Damon. Hinter den Vorhängen hört Hundhausen ein leises Piepen, regelmäßig und beruhigend. Hundhausen denkt an Irak Iran, er denkt an Ice Cube, wie passend bei dieser Hitze, er denkt an den Apparat, an den sie Britt einmal in der Woche hängen. Hundhausen fragt sich, wo er seine Frau wiedersehen wird. Hundhausen hat Britt verlassen, er müsse sich um seine Zukunft kümmern. Hundhausen erwägt die Hölle und das Paradies. Hundhausens Roman heißt *Our Glacial Period.* Im Emergency Room von St. Vincent's hört Hundhausen das kontrollierte Piepen der Maschinen und das Weinen einer Frau. *I used to ride up my husband like that in the eighties*, sagt Krystowiak hinter dem Vorhang, *he's dead now, they all are. Yes or no?* Britt fährt mit dem Taxi zur Chemotherapie, denkt Hundhausen, ich habe mich selbst eingeliefert. Hundhausen liegt flach auf dem Rücken und rührt sich nicht. Hundhausen rechnet aus, dass er heute auf den Tag genau 15 407 Tage alt ist, er rechnet aus, wie viel Grad Celsius 103 Grad Fahrenheit sind. Hundhausen fragt sich, wo seine Schmerzen geblieben sind.

Ein Arzt und eine vierte Schwester. Ob Hundhausen Drogen nehme, insbesondere Marihuana oder Kokain, Ecstasy vielleicht. Nur Dormolax, antwortet Hundhausen, dazu seit Jahren Baldrian, er sei allerdings rein prophylaktisch hier, er würde ja nicht sterben. Dieses Missverständnis will Hundhausen aufgeklärt wissen. Er solle keine voreiligen Diagnosen stellen, sagt der Arzt (Jason Bell, M. D.). Die wenigsten Menschen wüssten, wann ihre Zeit gekommen sei, und er, Hundhausen, solle lediglich beschreiben, wie es ihm gehe und wo genau der Schmerz liege. Hundhausen zeigt auf sein Herz und kommt sich albern vor, die Symbolik irritiert ihn (Britt weiß, dass ihre Zeit gekommen ist). Hundhausen deutet mit der rechten Hand auf seinen linken Arm. *Chest Pain*, sagt er, weil ihm auf Englisch keine genauere Beschreibung einfällt. *Okay*, sagt der Arzt und macht drei Kreuze auf seinem Formular, *blood works, x-ray of the chest, ECG.* Er dreht sich um und zieht den Vorhang auf, Krystowiak dahinter sagt, *believe me, doctor, I am perfectly sane!*, und Torres stöhnt jetzt lauter. Hundhausen denkt an Britt in der Klinik und fragt sich, ob er wirklich selbst in der Notaufnahme liegt, ob er noch bei vollem Verstand ist. Er fragt sich, warum ihm Blut abgenommen werden soll, was der Arzt beim Röntgen finden will und was ein ECG ist. Mir fehlen die Worte für Körper und Köpfe, denkt Hundhausen, ich bin ein Universalidiot.

Hundhausens Herz wird verkabelt (ECG), Krystowiak erzählt davon, wie die Zeit vergehe und das Gute verschwinde, *believe me, do you believe me, yes or no, yes or no*? Hundhausen hört den Arzt flüstern und Krystowiak weinen, er fühlt eine fünfte Schwester nach einer Vene tasten, er spürt den Stich kaum, er sieht sein Blut nacheinander in drei Ampullen tropfen. Die Schwester injiziert ihm Kochsalzlösung, und Hundhausen denkt, sie füllt mich nach. Hundhausens Telefon klingelt. *No is a positive word*, kichert Krystowiak weit entfernt, *you've got to be the king of no.* Eine sechste Schwester mit einer mobilen Röntgenmaschine macht Bilder von Hundhausens Herz, von Hundhausens Lunge, *get well, honey*, sagt sie. Hundhausen hört das Piepen seines Herzschlags, er sieht sein Herz in leuchtenden Kurven. Hundhausen kommt plötzlich zur Ruhe, er wird plötzlich unendlich müde. Die Maschinen singen, Hundhausen hört Torres atmen und Krystowiak lachen, und Hundhausen schließt die Augen und wartet auf das Verstummen des Telefons. Hundhausen wartet auf Jason Bell, Hundhausen wartet auf den Schlaf, Hundhausen wartet auf Besserung, Hundhausen wartet auf das Ende des Sommers.

Jörg Albrecht

ich habe nie gesagt, daß ich dich berühren will, aber wenn ich dich berühren will, ist es dunkel

Wir fahren nach Marokko. Da scheint die Sonne.
Die macht uns schön und glücklich und zu besseren Menschen.
Wenn du nicht wiederkommst, fahre ich nicht weg.
Marquard Bohm als Thomas in Rudolf Thomes ROTE SONNE

Und auf einmal bist du mittendrin. Du bist unterbrochen worden und bist gleich woanders und dort gleich mittendrin. Mitten in unserer Geschichte, von der du gedacht hast, sie hätte längst aufgehört. Und mitten in dieser Geschichte stehe ich vor dir. Mit einer VHS-Kassette in der Hand stehe ich vor dir, und es sind fünfunddreißig Grad, und ich weiß nicht, wie hitzebeständig das Band dieser VHS-Kassette ist und ob ich überhaupt die Chance haben werde, das Band einzulegen, bevor es zu Staub zerfallen sein wird, das Band einzulegen, damit du fragen kannst: Seit wann schaust du dir Vampirfilme an? Klingt das so? frage ich, Rote Sonne, klingt Vampirfilm so? Du drehst dich schon um, drehst dich dem Tag zu, der draußen wartet, in der Geschichte, aus der du gekommen bist, drehst dich, und ich kann dich gerade noch anhalten. Siebenundachtzig Minuten, sage ich, und nein, es ist kein Vampirfilm, please believe me. Siebenundachtzig Minuten Rote Sonne, bis die Sonne auftaucht. Siebenundachtzig Minuten, und dann kannst du entscheiden, ob du diese Unterbrechung deines Lebenslaufs wieder rückgängig machst oder nicht. Machst oder nicht. Machs nicht!

[das VHS-Band, das auch bei Hitze nicht zu Staub zerfällt]
[das VHS-Band, das der Staub aufhält, aufhält, aufhält, bis es statt dem Starnberger See Amerika zeigt]

Also, fangen wir mit deinem Lebenslauf an: Elternhaus, Schule, erste sexuelle Erfahrungen allein, zu dritt, zu viert undsoweiter, oder erst mal doch zu zweit. Fragt mich der Amerikaner, der mir gegenüber sitzt, der fünf Minuten vorher noch neben mir steht, jetzt: direkt in mein Gesicht sieht, fünf Minuten vorher noch in einem leicht schäbigen Konzertsaal fast am Wallabout Bay, fragt mich das der Amerikaner, jetzt: nicht fünf Minuten später, eigentlich viel später, aber in dieser Nacht eben nur fünf Minuten. Er trägt einen Schnurrbart, der meinem ähnlich ist. Er trägt eine Hornbrille, die einer Hornbrille nicht unähnlich ist, die ich manchmal im Spiegel sehe, besser als mein Gesicht. Er trägt einen Gesichtsausdruck, der auf etwas aus ist, das außerhalb liegt, vielleicht bei mir, vielleicht, und der sich dennoch jeden Augenblick umdrehen kann, um hinauszugehen, in die Nacht. Im Hintergrund eine Bassline. Meine ersten sexuellen Erfahrungen zu zweit, sage ich, sage ich, sage, denke ich nicht, denke: Diese schäbigen amerikanischen Konzertsäle, diese schönen Menschen, viel zu schön, die müssen doch alle lügen mit ihrer Schönheit, denke ich, diese ganzen Leben, die da draußen in der Wildnis in irgendeinem dieser amerikanischen Staaten begonnen haben und sich hier überkreuzen. Irgendwo eine Bassline. In dieser Stadt, sagt der Typ, nachdem ich eine Stunde geschwiegen habe, in dieser Stadt trifft jeder jeden nur ein Mal. Irgendwo eine Bassline. Den Kopf immer dann in die Richtung drehen, wenn der andere gerade rausgeht, in die Nacht. Den Kopf immer zu spät drehen, zu spät für diese Nacht. Den Kopf immer nur in die eine Richtung drehen, da hier Autos nur aus einer Richtung kommen. Bassline. Und der Typ fragt, viel früher, aber in meinem Ohr erst jetzt, jetzt fragt er, als Bassline: Hast du keine Freundin, die sich um dich kümmert?

Eine Geschichte verfilmen, um sie zu erzählen. Eine Liebesgeschichte verfilmen, um sie zu erleben. Eine Liebesgeschichte verfilmen, in der Hoffnung, man könnte erleben, daß sie gut ausgeht. Und Jahre später oder vielleicht auch Jahrzehnte [das weiß keiner von uns, nicht du, nicht ich] dann diese Liebesgeschichte noch mal verfilmen, wobei niemand sich bei so einer Geschichte [Ende: Tod zweier Liebender] ein Remake vorstellen will, das auf einmal doch gut ausgeht. Doch gut? Doch! Ich will mir das vorstellen, ein Remake, das doch noch gut ausgeht, ein neues Drehbuch, das weiter geht. Du hast nicht damit gerechnet, daß ich vor dir stehen würde. Du hast nicht damit gerechnet, daß dein Leben wieder schwer wird, sobald ich wiederkomme. Hast nicht damit gerechnet, daß ausgerechnet hier, während wir einen Film schauen, der dein und mein Lieblingsfilm hätte sein können und es nie war, daß ausgerechnet während so eines Films das Licht ausgeht und wir es doch noch schaffen, das schaffen, was wir nie geschafft haben. Also: Wenn ich jetzt in deine Augen sehe, während du und ich eigentlich diesen Film sehen, wenn deine Augen meine sehen, während sie einen Film sehen, was ist das? In siebenundachtzig Minuten ist der Film hier vorbei. In sechsundachtzig Minuten, in diesem Raum: mehr CO_2. In fünfundachtzig Minuten wird die Sonne draußen aufgehen, die Hitze in diesem Raum wird unmerklich steigen, und du wirst dich umdrehen, eine Waffe in der Hand, dich umdrehen, um nicht zu sehen, wie ich sterbe, und ich werde mich umdrehen, eine Waffe in der Hand, um nicht zu sehen, wie du stirbst, wie ich sterbe, wie du und ich sterben.

Die kaputten Konzertsäle, die schönen Menschen und all die Leben aus der Wildnis da draußen, die sich hier treffen, in der Zivilisation, oder aus der Zivilisation da draußen, die sich hier, in der Wildnis, treffen. Und sofort muß ich an Geschichten denken, an die Geschichten dieser Menschen, obwohl ich kein bißchen Ahnung von ihren Geschichten habe, muß ich hier, in diesem amerikanischen Filmsetting, das so untertrieben ist wie jedes Independent-Filmsetting in einem amerikanischen Independent-Film, muß ich Geschichten produzieren, eine Vergangenheit zu diesen Menschen produzieren, die ihre Schönheit begründet, weil sie einen Teil dieser Vergangenheit, jenen Teil, der nicht in den Lebensläufen wiederzufinden ist, einfach weglügen. Und ich muß an dich und mich denken, wie ich einen Teil meiner Vergangenheit immer weglüge, weil ich einfach nicht wahrhaben will, daß ich so viele Fehler gemacht habe, aber ich habe so viele Fehler gemacht, so viele Fehlermeldungen, und jetzt ist unsere Geschichte, selbst wenn ich sie neu starten will, indem ich wiederkomme, indem ich wieder zu dir komme, wieder und wieder, jetzt ist die Geschichte einfach zuende, Gegenwart, die nicht mehr gegenwärtig ist, und auch schon keine Zukunft mehr, und das alles bei einer Temperatur weit unter der Temperatur deines Körpers, vielleicht auch meines, vielleicht auch dieses ganz aus Vibrieren bestehenden Körpers [i heard it], aus Vibrieren bestehend [i heard it through], aus Vibrieren [i heard it through the bass line / not much longer would you be my baby].

[our life is not a movie or maybe:] Du bist zu schön, um verletzt zu werden. Und ich bin nur schön, wenn ich lüge. Und leider lüge ich immer, wenn ich sehr weit weg bin von dir. In dieser Stadt hier kann ich eigentlich nur lügen, kann den ganzen Tag lügen und in diesen Lügen immer schöner werden, um immer mehr schöne Menschen und immer schönere Menschen kennenzulernen in dieser Wildnis, wo die Menschen auf einmal andere Namen tragen als die, die sie früher trugen, unglaubwürdige, wenn auch effektvolle Nachnamen wie: Solar, Cummings, Ecstasy, um sich gegenseitig zu versichern: You could pimp Miami Vice with that look, darling. Da kann mir die Hälfte meiner Freunde aus dem anderen Nordteil dieser Erde immer wieder schreiben: Sometimes the world is not satisfying when it confirms a cliché from the world online. Das wird nichts ändern. Daß ich oft über Schönheit nachgedacht habe, seit ich hier bin, und am Ende lande ich niemals in L.A., niemals in Miami, niemals bei Uschi Obermaier, sondern immer bei dir, sage ich. Wenn ich dich anschaue, sagst du, kann Schönheit, falls sie existiert, jedenfalls nichts Sichtbares sein. Schönheit, hergestellt in einem Prozeß, in dem der Blitz immer wieder etwas ablichtet, was eigentlich nicht sichtbar sein kann. Im Hintergrund sagt Marquard Bohm [VHS-Qualität]: In der Zivilisation bin ich aufgeschmissen. Ich bin für die Wildnis geboren.

In einer der tausend Wohnungen gegenüber meiner Wohnung, in einer Wohnung, die wahrscheinlich keine Wohnung ist, blitzt es fast den ganzen Tag. In dieser Wohnung gehen Dinge vor sich, die meine Vorstellungskraft übersteigen. In der Wohnung, die meiner gegenüberliegt, in einem Winkel von siebzehn Grad nach oben, blitzt es. In dieser Wohnung blitzt es so, daß es nicht nur in der Wohnung blitzt, sondern darüber hinaus, und ich weiß, es ist albern, aber ich habe Angst, Angst, dieser Blitz könnte auch mich erfassen. Also fange ich an, mich zu synchronisieren, meine Bewegungen in meiner Wohnung mit den Bewegungen des Lichts, das sich in der Wohnung da drüben ausbreitet, diese Bewegungen mit meinen zu synchronisieren, in Deckung zu gehen, um nicht mit abgelichtet zu werden, dafür bin ich nicht so weit gegangen, nicht so weit weggegangen, um dann doch noch in einer Vampirgeschichte zu enden, die mir mein Ende erklärt, weil ich auf keinem Foto sichtbar bin. So als würdest du mich nur anschauen, dann die Waffe in der Tasche laden und sagen: Was mach ich mit dir? Ich hab keine Ahnung. Wir könnten zum Starnberger See fahren. Ein See? Ja. Ein tiefer See. Aber auch ein tiefer See nützt hier nicht. Selbst ein Aquarium hat mehr Tiefe als dieser Film.

Irgendwann will ich in Williamsburg leben. Denn Williamsburg sagt zu mir: Du kennst mich doch, Taktik war nie meine Stärke, aber ich habe einen gewissen kaputten Charme, der ist unwiderstehlich. Ja, unwiderstehlich haben sies hier, die amerikanischen Kleinstadt-Highschool-Schüler, die herkommen, um in einer Großstadt ihre Kleinstadt wiederzufinden, weiterzufinden, weiterzuerfinden. Dieselben, die, wenn ich sage: Mit mir ist alles in Ordnung, ich schrecke bei jedem Fotoblitz auf jedem Konzert in jedem schäbigen Konzertsaal Williamsburgs auf, aber mit mir ist alles in Ordnung, die sich dann herüberbeugen, bevor sie sich umdrehen und in der Nacht verschwinden, herüberbeugen und sagen: Sehen Sie mal in den Spiegel da drüben, Sie haben Angst. Und manchmal hinzufügen: Sie müssen sich mal einen Vampirfilm anschauen. Und dann bin ich aufgeschmissen. Ich habe das immer gesagt: In der Zivilisation bin ich aufgeschmissen. Da, wo es blitzt. Da, wo es Tag wird. Da, wo Licht auf die Leinwand fällt und erst mal nichts anderes ist als das, wo das einzige, was sich bewegt, das ist, das Licht, bin ich aufgeschmissen. Und ich kann nur noch zuhören, eine Stunde lang, zwei Stunden, drei, jeder Band in den schäbigen Konzertsälen zuhören, während es immer heißer wird und immer mehr CO_2 die Nacht da draußen von der Nacht hier drinnen abgrenzt, und manche Ansagen für einen Song mehr treffen als dieser Song. Ansagen wie: This song is for our former band member Amber, she's going back to West Virginia for a while.

Diese ganzen West Virginia-Geschichten, mit denen man zugespammt wird, wenn man nach West Virginia fährt. Diese ganzen New York-Geschichten, mit denen man zugespammt wird, wenn man nach New York fährt. Diese ganzen Marokko-Geschichten, mit denen man zugespammt wird, wenn man nach Marokko fährt. Diese ganzen Nosferatu-Geschichten, mit denen man zugespammt wird, wenn man nach Bremen fährt. Diese ganzen Brinkmann-Geschichten, mit denen man zugespammt wird, wenn man nach Vechta fährt. Diese ganzen Kreuzberg-Geschichten, wenn man nach Berlin fährt. Diese ganzen Miami Vice-Geschichten, mit denen man zugespammt wird, wenn man nach Miami fährt. Diese ganzen Kohlestaubgeschichten, mit denen man zugespammt wird, wenn man ins Ruhrgebiet fährt. Diese ganzen Schwabing-Geschichten, mit denen man zugespammt wird, wenn man nach München fährt. Diese ganzen Bavaria-Studio-Geschichten, mit denen man zugespammt wird, wenn man auch nur in die Nähe von München fährt. Diese ganzen Geschichten von roten Sonnen, mit denen man zugespammt wird, wenn man zum Starnberger See fährt, immer und immer und immer immer wieder und immer gern. Diese ganzen Liebesgeschichten, mit denen man zugespammt wird, wenn man ins Kino fährt.

Also, hören wir mit deinem Lebenslauf auf, hören wir mit dem Lebenslauf, während das Leben noch läuft, besser auf, damit es weiterlaufen kann, noch weiter, dahin, wo du es hinschaffen wolltest, von unserem ersten gemeinsamen Augenblick an, und ich es nicht hingeschafft habe: Liebe bei gemessenen sechsunddreißig, gefühlten dreiundsechzig Grad. Kannst du mir die roten Flecken im Gesicht dann wegschminken, mit Photoshop? Statt dessen, sagst du, versuchst du, uns mit Geschichten zu fassen, dich und mich, so wie mit der Geschichte von Rote Sonne, ja, ich weiß, eine schöne Geschichte, nur: Eine Geschichte, die vierzig Jahre alt ist, kann mich nur verfehlen, sagst du, da hilft das alles nichts, das hier hilft uns nicht: Abschweifungen, Vertraulichkeiten, private Korrespondenzen, Projekte, nicht gehaltene Versprechen. Und du hast recht. In vierzig Jahren wird irgend jemand in L. A. ein Remake von unserem Liebesfilm machen, und du und ich, wir werden einen Cameoauftritt haben, wenn überhaupt, wenn, dann werden wir ein Cameo haben, und vielleicht fragst du mich dann, was du mich schon die ganze Zeit fragen willst: Willst du mir weiter das Leben schwermachen? Ja, ich will es schwer machen, will das Leben schwer! Sobald ein Vampir ins Bild kommt, wird es eben schwer. Nicht daß ich so viel zum Verfall der Bilder beigetragen habe, aber ich bin für die Wildnis geboren. Warum gehst du nicht in die Wildnis? Ich kann nicht allein sein, ich meine: Ich kann nicht allein in der Wildnis sein, nur wenn ich mit dir in der Wildnis bin, sind wir das zusammen, du und ich, Wildnis, in Zukunft, verwilderte Zukunft.

Irgendwann will ich in Miami Vice leben. Zur Not auch in irgendeinem anderen Teil der Erde, in dem Teile des Himmels in dieses schöne Rot getaucht sind, seien es die Wolken oder die Vögel oder zur größten Not auch die Sonne selbst. Rote Sonne, die für mich den Tag teilt, an dem ich es immer schwer habe, und die Nacht, in der ich es anderen schwermache, das Leben schwermache, so schwer, daß ich es ihnen abnehmen muß, aufnehmen muß [recording], ein rotes recording-Zeichen: Rote Sonne, damit es hell genug ist, daß ich ahnen kann, wo deine Augen sind, wenn ich zu dir komme, ahne, wo sie sind, und dennoch nie genau weiß, was meine Augen sollen, was meine Augen bei deinen sollen, das weiß ich nie, nicht zwischen Nacht und Tag, nicht am Ufer des Starnberger Sees und nicht in New York. Rote Sonne als immerhin bester deutscher Film seit Beginn der Tonfilmzeit, als einer der wenigen europäischen Filme, die von den amerikanischen Filmen eine Haltung übernommen haben, ohne Aufdringlichkeit neunzig

Minuten lang nichts als ihre Oberfläche auszubreiten, Oberfläche ausbreiten, um sie bei achtunddreißig Grad ein bißchen aufzuheizen und dich und mich zu gewöhnen, langsam wieder an die Körpertemperatur des anderen zu gewöhnen, an Erhitzung überhaupt, bei gemessenen achtunddreißig, gefühlten dreiundachtzig Grad. Auf diesem Planeten gehen Dinge vor sich, die meine Vorstellungskraft übersteigen.

Daß man selbst nicht weiß, was man getan hat, ja. Daß man selbst den Film gar nicht sehen kann, man kann ihn nicht sehen. Nur wenn ich im Kino sitze, merke ich, wie sehr jeder um mich herum verwickelt ist in das, was da vor uns abläuft, daß zumindest das abläuft, was gerade für jeden um mich herum abläuft. Aber es bleibt merkwürdig, daß man seine eigene Sache nicht sehen kann, das, was direkt abläuft. [recording:] In meinem Film sind alle sichtbar, nur ich nicht, und es ist nicht nur meine Schönheit, die fehlt. Eine vertrackte Liebesgeschichte, deren gutes Ende nie jemand sehen wird, weil niemand mich an deiner Seite am Ende sehen wird, auf keinem Film. Darf ich dir dein Leben schwermachen? So schwer, daß unsere Geschichte dich nicht verfehlt und mich nicht? Das ist die Frage. Eine Frage nach dem Tag. Eine Frage nach dem Licht. Eine Frage nach dem Tageslicht. Die Bassline jedenfalls, die unter deiner Schönheit liegt und unter meiner, meiner Schönheit, die nur da ist, weil sie lügt, und deiner Schönheit, die da ist, damit du nie verletzt werden kannst, diese Bassline will uns irgend etwas verraten, und irgendwann werden wir wissen, was. Zu spät. Du drehst dich um und gehst, von der einen Sekunde zur anderen, drehst dich dem Tag zu, und das nur, damit die Geschichte nicht so endet: Wir beide mit Waffen in der Hand am Ufer des Sees. Okay. Okay, fahren wir zum See, aber. Wenn unsere Augen sich da berühren, wird es Tag, oder wird es Nacht?

Fünfmal die letzte Szene drehen, in der die Sonne aufgeht,

weil die Sonne so schnell aufgeht, in Deutschland so früh aufgeht, ja, gleich sind wir zurück am Starnberger See, und wenn beim fünften Mal die letzte Szene funktioniert, weil die Sonne aufgeht, als wir gerade zuende gehen, du und ich, die Waffen in der Hand, zuende gehen, weil der Film zuende geht, und weil mich die Sonne trifft, die erste Sonne dieses fünften Versuchs mich trifft, und ich könnte zu Staub zerfallen. Eine schöne Geschichte? Aber im Moment ist sie mir entfallen. Ein Drehbuch, das weitergeht, jetzt schon viel weiter geht, als wir es denken können, jemals, ein Drehbuch, das einen Film zuläßt, der nicht eingeholt wird von der Gegenwart, immer doch noch ein Stück voraus, so wie sie immer wieder zurückfällt, die Gegenwart, hinter das, was Drehbücher vor vierzig Jahren wollten, vor fünfzig, hundert und mehr. Deine Augen blicken her. Deine Augen blicken meine Augen an. Deine Augen blicken meinen Blick an. Deine Augen und meine Augen, wenn sie sich berühren, wenn sie sich, wenn sie, wenn es Nacht wird, weil es Nacht wird, sich berühren, unterbrechen wir uns, unterbrechen wir alles, was noch kommen könnte, oder ist das die Unterbrechung selbst, die uns unterbricht? Ich vor dir, Film-Still aus Rote Sonne, reanimiert, die Waffe in der Hand. Die Waffe in deiner Hand, zeigst du auf den Schweiß, der meine Schläfen hinunterläuft. Ist diese Hitze die Hölle oder schon Hollywood? Ich bin ein Vampir, sage ich, ein Vampirfilm, sage ich, ein reanimiertes Still aus einem Vampirfilm, ja? Dein Gesicht dreht sich um, dein Gesicht dreht sich, deine Lippen bewegen sich nicht, aber deine Stimme sagt: Ach was. So kann man doch keine Geschichte verfilmen, wenn man keine Sensation anzubieten hat! Einen neuen Look. Am Anfang und Ende nichts und in der Mitte Stoff, oder so was Ähnliches. Das wären mal Geschichten nach meinem Geschmack! Eine Geschichte verfilmen, um sie zu verfehlen. Verfehlen, damit gerade dann, wenn diese Liebe nicht mehr stattfinden kann, das Remake keinen Platz mehr finden kann, auf einmal doch alles geht, weil wir nicht mehr verdecken können, wie unterbrochen wir sind, selbst wenn wir versuchen, uns zu berühren, und wie wir vielleicht wenigstens den Versuch wagen können, diese Unterbrechung zu unterbrechen, uns als Unterbrechung. Und: Ja, ich habe alle Fehler gemacht, alle Fehler, die in den Fehlermeldungen für einen Mann möglich sind, vor allem für einen Mann, der gerade nicht mehr Teenager ist. Grund genug, die Waffe zu heben? Dann schau mich jetzt lieber nicht an, wenn ich sage: Ich habe allen Mädchen, die ich kennengelernt habe, von dir erzählt, da habe ich schließlich gemerkt, daß ich dich liebe. Schau mich lieber nicht an, weil ich sicher nicht sehr schön aussehe, dann. Schau mich lieber jetzt an, jetzt bin ich gerade sehr schön, wenn ich sage: I'm going back to Starnberg for a while. Du hast nicht damit gerechnet. Mit dieser Lüge hast du nicht gerechnet. Mit dieser Lüge, die mich zum Ende erklärt, mich zuende erklärt. Mit dieser Lüge auf VHS-Kassetten, die zu Staub werden, in der Hitze. Darunter die Bassline. Bassline. Dahinter: gezielt unscharfer Studiohintergrund [Himmel, Bäume, Sonne, Berge, Segelboote, See, Ufer, VW-Käfer mit offenen Türen, zwei Verblutende]. Und du bist mittendrin. Mitten im Ende drin. Mittendrin drehst du dich um. [our life is not a movie, maybe:] Drehst dich um. Sehen deine Augen meine Augen? Drehst dich. Oder sehen sie meinen Blick? Drehst dich nicht. Drehst dich. Drehst dich nicht. Drehst dich. Drehst dich nicht.

Hanno Raichle

109 440 Meter steigend

Und plötzlich sitzen da gegen vier Uhr morgens also diese zwei wunderschönen *Fata Orgasmen* am anderen Ende der Bar, die vorhin sicher noch nicht da waren, denn es gibt schon so etwas Ähnliches wie Barstaub, der sich auf dich legt, sobald du über die Türschwelle getreten bist, an dem du ganz genau erkennen kannst, wie viele Minuten Stunden Tage Wochen Monate Jahre du hier schon auf dem Holzbarhocker wohnst, und ganz klar schimmern die vier Augen der zwei Erscheinungen in sommerlichen Farben, die frisch von draußen kommen.

Und als wäre es immer dein Plan gewesen, setzt du dich wieder genau auf den Platz, von dem du eben noch aufgestanden warst, und dann ist da das große Problem mit dem richtigen Getränk, am besten irgendwas, das lange anhält und dabei in der Sauna hier nicht an Kohlensäure oder Geschmack verliert, also Wasser oder Wein, rot oder weiß, lieber rot, und in dem Moment, in dem du doch den Weißwein bestellt hast, weil du auf die blauen Lippen verzichten kannst, in dem du mit dem korrodierten Münzgeld die flachen Schweißseen auf dem Tresen wie Moses geteilt hast, verschwindet das Duo plötzlich, als hätte es genau darauf gewartet, und wird ersetzt von zwei zehn Jahre älteren Mängelexemplaren. Da sitzt nun Mobiliar, das zwar inseriert, aber niemals abgeholt wird, was du aber erst nach dem zweiten verstohlenen Blick realisierst, und so funktioniert das, schon muss man aus Frust nämlich doch wieder ins Portemonnaie greifen, das eigentlich schon die Lederlider geschlossen hatte für heute Nacht, flache Geldscheiben aus dem Eurobraten herausreißen, während rechts einer sagt: *I am in the mood to kill her*, und dabei die mit Herzen tätowierten Unterarme knetet, am Hals ein Stahlgestell, das in den Kopf geschraubt ist. Drüben im Spiegel als Antwort das buddhaartige Lächeln des Barmanns, und dann schwebt in dem Moment plötzlich ein langes blondes Haar über die Bar und bleibt an einem Lichtstrahl kleben, obwohl seit Stunden keine blonde Frau hereingekommen ist. Romantiker würden sagen: Engelshaar, Augenärzte eher: *Mouches volantes*, Hauptsache, es landet nicht auf der Oberflächenspannung dieses Abends, die man mit den Lippen durchbricht, für drei Euro fünfzich Zents nicht die Welt, aber immerhin Long Island, da kann die Zunge tauchen gehen, zwischen Eisbergen und Pfefferminzalgen, dachte Mendel etwas später und erhob sein Glas, **auf den Mundtaucher im roten Noppenanzug**, sagte **Mendel**, nahm einen Schluck und pustete das Haar hinfort, hinein in den zappelnden Deckenventilator, friss das!

So wirklich viel, dachte Mendel weiter, Momentum hat dein Leben ja nicht. Er steckte die Hand in seine rechte Hosentasche und drückte auf den Knopf, der die Autotüren entriegelt, oder Drehmomente, noch besser, Drehmomente fehlen, er zog seinen Füller aus dem Jackett und malte eine gerade, horizontale Linie auf eine Papierserviette, markierte Anfang und Ende mit dicken Punkten, schrieb darunter *Geburt* und *Tod*, setzte als Titel *Luis Mendel* darüber und stellte dann sein Cocktailglas darauf. Das nasse Glas bildete einen Kreis um das Diagramm, geschlossenes System, Schüttelkugel, dachte Mendel. Er nahm den Füller und malte ein kurviges  von *Geburt* nach *Tod*, am Klimax fiel eine Schneeflocke* und sank nach unten, dahin,

* *Die andere Möglichkeit*

wo fast das Holzpaneel des Tresens anfing, und Mendel dachte an den Mercedes-Stern, den er immer wieder bei seinem Jahresvaterwagen abgebrochen hatte, Luis, sagt der Mann mit den Cowboystiefeln in der Küche aus Prilblumen und legt sich eine halbierte Essiggurke auf sein Schwarzbrot, hörste, die meisten Menschen tanzen so, wie sie leben: Ständig schauen sie, ob sie von jemand anders beobachtet werden, so wie, sein Vater dreht sich zu ihm, du gerade, aber ich bin nicht dein richtiger Vater, Luis, ich bin der Vater, der etwas sagt, das du gerne gehört hättest, anstatt Haue vom Stiefpapa, und das alles, sein Stiefpapa also zeigt auf den Inhalt des Kühlschranks (Schweinesülze 150 Gramm, Leberwurst 100 Gramm, Spätburgunder ein Liter usw. usf.), stellst du dir gerade vor, während du an einer Bar hockst, und dein Fuß tastet dabei nach irgendeiner Stütze, und das, Luis, ermahnt ihn der Mann, bin auch nicht ich, diese Stütze ist kein passendes Bild, und Mendel nickte, ich nehm noch einen. Mit viel Eis.

Mendel schwenkte das neue Glas (dieses schöne klare kühle Geklacker von Eiswürfeln, irgendwann würde er sich eine Meditations-CD daraus basteln), ohne zu merken, dass er damit offenbar den Paarungsruf für die Absätze einer der beiden Mesdames Generika imitierte, die drüben aufhorchten und als Antwort zu ihm stöckelten und den Fleischrest, der da in Nylon aus dem Fußbett herauswuchs, auf den Hocker neben Mendel packten, und besagter Fleischrest erst dann fragte: Ist der hier frei? Mendel antwortete nicht, weil ein Preisboxer wild auf seine Nase eindrosch, er roch nach: billiger Flüssigseife, die am Abend zuvor zu viel Wodka Red Bull getrunken hat, dazu abgestandenes Chlorwasser, in dem noch ein blühender Lavendelbaum neben Latexkondomen treibt, während daneben beständig faulige Gase vom Grund aufsteigen und in großen Blasen zerplatzen, ja, er ist frei, aber nicht für dich, dachte Mendel, warum sagst du es nicht einfach, fragt sein Vater und beißt in das Brot hinein, sag, dass du deine Ruhe haben möchtest, aber auch großartigen Sex und die große Liebe, die Frau sah ihn zwinkernd an und kaute ein Kaugummi, dann setzte sie ihre Bierflasche an den Mund und trank 1 2 3 Schlucke, stellte die halbleere Flasche auf den Tresen zurück und kaute weiter, sie soll, dachte Mendel, wenigstens den Kaugummi ausspucken oder das Bier wegschütten, aber beides geht nicht, na, wie geht's, sprach ihn die Frau jetzt an. Sie hatte sein ungläubiges Starren eindeutig falsch interpretiert.

Ja, murmelte Mendel und zuckte mit den Schultern, hast duuuu, fragte die Frau weiter, das hier, ihr Zeigefinger klopfte auf Mendels Serviettendiagramm, den Nagel hatte sie tatsächlich in den Farben der deutschen Flagge lackiert, gemalt? Ihre Freundin beobachtete die beiden grinsend von links hinten an der Bar, ihre Haifischaugen klebten wie zwei Schnecken in Mendels Nacken, und als Mendel ihr einen finsteren Blick zuwarf, küsste die Haifischschnecke auf ihre flache Flosse und blies ihm einen verkrüppelten Schmetterling zu, in der Hoffnung, er würde irgendwie zu den anderen in Mendels Bauch gelangen, danke, sagte Mendel durch die Zähne, kein Interesse, heute und in Ewigkeit nicht, Amen.

Er stand auf und wollte kurz an die frische Luft, nachsehen, ob ihm da draußen ein anderer besserer Name einfallen würde für das, was gemeinhin als Leben bezeichnet wurde – und war doch überrascht, dass er anscheinend der Einzige war, der diese Idee gehabt hatte. Draußen war es nicht so schwül wie drinnen, und er legte den Kopf in den Nacken und sah, wie eine Fledermaus nach Insekten jagte, knapp über seine Haare hinweg, stets auf direkter Linie von Mücke A zu Nachtfalter B, bewundernswert, weil sie nie innehielt, um nachzudenken, oder mal kurz rauszugehen, ich wäre keine, überlegte Mendel, gute Fledermaus, er hatte zwar ein altes schwarzes T-Shirt mit Batman-Logo irgendwo zu Hause in seinem Schrank und konnte das hohe Piepsen eines Fernsehers hören, wenn der auf Standby geschaltet war, aber genauso gut könnte man einem Schwein den Elektrostecker eines Bügeleisens in die Nasenlöcher rammen.

Eine bucklige Frau in einem zerknitterten Männerhemd und dunklen Flecken mit Salzrand unter den Achseln kam auf Stelzenbeinen in den Innenhof gehinkt, das eine Auge schaute Mendel neugierig an, das andere stand nach links, ihr Gesicht war aufgequollen und gerötet. Die Frau humpelte auf ihn zu, Entschuldigung, rief sie, in ihrem Oberkiefer fehlten der 11, der 12, der 21 und der 22, Entschuldigung, dann stand sie vor ihm, drei Köpfe kleiner als er, an manchen Stellen hatte sie kreisrunden Haarausfall, eindeutig ein Zeichen von Stress, Entschuldigung, sagte die Frau ein drittes Mal, und Mendels Augenbrauen schoben sich freundlich-hilfsbereit in die Stirn, können Sie mir helfen?

Sie machte eine Pause, das Auge, das nach links schielte, begann wie eine Tachonadel zu zittern, wahrscheinlich aus Neugier, um zu sehen, was sein Zwilling da fixierte, aber es blieb nur bei dem Versuch, Mendel nickte – und erst dann beendete sie ihren Satz, mit fünfzich Zents? Nichts anderes als eine verzögerte Guillotinierung seines naiven Gutmenschentums war das, dazu stieg eine ganze Armee von feist grinsenden Söldnern aus dem hölzernen Pferd in seinem Gehörgang, trampelte mit schmutzigen Stiefeln auf Mendels Gutgläubigkeit herum und schrie dabei den Schlachtruf »Mit fünfzich Zents!« durch die heiseren Kehlen, der als Echo unablässig von den Wänden hallte und sein Sprachzentrum in eine ungläubige Starre versetzte, so dass er nur noch den Kopf schütteln konnte. Sie fragte nicht weiter und drehte sich zur Straße, wo gerade zwei Touristen standen und sich über eine Stadtkarte beugten, die griechische Flotte nahm neuen Kurs auf. Mendel überkam das drängende Verlangen nach einem Gin Tonic, den er sich in einem Zug in die Speiseröhre schütten wollte, in der Hoffnung, das würde den Stimmbandkrampf lösen können, er räusperte sich, obwohl er nun ganz alleine im Innenhof stand, und nicht einmal die Rabenvögel, die sonst auf den Regenrinnen, Motorradlenkern, Bäumen, Straßenschildern und Bauzäunen hockten, einen hitchcockesque ansahen und ihn hätten anschnarren können, zeigten sich: Meister, warum befiehlst du uns nicht, ihr die Schielaugen auszupicken und ihre gespaltene Zunge auszureißen?

Mendel winkte ab, stapfte zurück in die Bar, grimmig angesichts der Vergewaltigung seiner Hilfsbereitschaft, Gin Tonic, fragte der Barmann, als Mendel sich gesetzt hatte, er nickte und nahm sich den Bierdeckel, brach ihn entzwei, riss ihn dann in immer kleinere Teile und warf die Schnipsel auf den dunklen Boden, wo sie aussahen wie Rosenblätter, die nachts auf einem ruhigen Fluss trieben, ist es denn, dachte Mendel, schon so weit, dass man solche Tricks anwenden muss, wenn die Frau eben, überlegte er weiter, einen Job gut machen könnte, wäre das ganz sicher in der Werbebranche, sie würde an einem großen Konferenztisch sitzen, die Augen links und rechts auf Kunden und Mitarbeiter gerichtet, und einen großartigen Slogan nach dem anderen in die Runde werfen, brillante Claims, an denen sich die Verbraucher festbeißen würden, alles vielleicht in dem Paralleluniversum, in dem du noch nicht mit dem Rauchen aufgehört hast, weil besagte Frau auch die Kampagne deiner Zigarettenmarke entwickelt hat. Mendel entdeckte eine Schachtel blauer Gauloises auf dem Boden neben sich, geschlossen, also wahrscheinlich leer, Mendel hob sie trotzdem hoch, legte Daumen und Zeigefinger an die Ränder – Herrgott, Hände, dachte Mendel, sind wirklich grandiose Filigranwerkzeuge – und schüttelte kurz prüfend die Schachtel, eine, hörte Mendel, eine rasselt noch drinnen oder eine tote Küchenschabe. Er knickte den Deckel auf und holte tatsächlich die letzte Zigarette heraus, legte sie vor sich wie auf einen Seziertisch, der Barmann kam mit dem fertigen Longdrink zurück, und als er die Zigarette vor Mendel liegen sah, stellte er ihm einen viereckigen Glasaschenbecher hin, sauber, darin eine Streichholzschachtel, halb geöffnet, so dass man die gelben Schwefelköpfe herausblinzeln sah, die Frau mit den bipolaren Augen hätte wohl **Es ist angerichtet** daruntergeschrieben, dachte Mendel und kippte den Gin wie geplant in einem Zug hinunter, was er schon so lange nicht mehr getan hatte, dass es ihm wie ein Spielzeug vorkam, das man nach dreißig Jahren beim Aufräumen im Elternkeller wiederfindet und sofort da weitermacht, wo man mit dem Spielen aufgehört hat, kein Handgriff vergessen, alles automatisch, willkommen daheim in der Kindheit. Natürlich sahen die beiden Mängelexemplare an der Bar neugierig zu ihm herüber, was ist das, schüttelte Mendel den Kopf, eigentlich für eine plumpe Faszination, jedes Mal, wenn er in einer Bar ein Glas ge-ext hatte, gab es eine Frau, die ihn dabei beobachtete, als sei er ein Schwertschlucker. Mendel zog den schwarzen Strohhalm aus dem Glas, nein, aus den Eiswürfelbrocken heraus, falls mich, nahm sich Mendel vor, eine von denen heute nach meinem Namen fragt, sage ich Artus, und schnitt mit dem Halm ein A in die Luft.

Mendel spürte, wie der Punkt hinter seinem letzten Gedankengang stehen blieb und wartete, während der Abschnitt seines Lebens bis an die unterste Zeile auf der Seite seines Lebensbuches vollgeschrieben war, auf irgendetwas, das eine neue Seite aufblättern würde, den Stift kurz mit der Zunge anfeuchten und dann weiter im Text machen würde.

Warum lädst du, schwadronierte es von links an Mendel heran, mich nicht auf eine Margarita ein, und so, dachte Mendel, geht mein Leben weiter, er zuckte mit den Achseln und winkte den Barkeeper her, noch einen Gin Tonic und eine Margarita, Renaldo. Mendel sagte Renaldo, weil er plötzlich an einen guten Freund und noch besseren Kellner denken musste, der vor drei Monaten an Lungenkrebs gestorben war, obwohl er sein Leben lang Nichtraucher gewesen war, diese verdammten rauchenden Gäste, hatte dessen Witwe ständig gemurmelt, als Mendel sie bei der Beerdigung tröstend im Arm gehalten hatte, leider mit Erektion, und dabei mitfühlend genickt hatte, wobei er eigentlich an die vielen Male denken musste, bei denen Renaldo Mendels übervollen Aschenbecher vom Cafétisch geräumt hatte und bei jedem einzelnen Mal gesagt hatte, Signore Mendel, Sie tun sich dabei nichts Gutes, glauben Sie mir, was Mendel natürlich nicht getan hatte, aber jetzt, in einem Meter achtzig Tiefe, hatte Renaldo letzten Endes recht behalten.

Ich heiß Klaus, beschwerte sich der Barkeeper, fächerte sich echauffiert mit einer Serviette Luft zu und verschwand, da beißt die, sagte Mendel den Haifischaugen, Klaus keinen Faden ab. Er sah sie an, als würde er ein Stückchen Fleisch zwischen seinen Zähnen suchen, was für ein, häh?te das Putenfleisch, Faden denn, was meinste damit, nichts, seufzte Mendel, er nahm die Zigarette und rollte sie zwischen Daumen und Zeigefinger – Herrgott, diese Hände! –, um den gestopften Tabak zu lockern, kann ich, süchtelte die Haidame, auch eine? Mendel stellte die Zigarette auf dem Filter ab und schüttelte den Kopf, das ist die letzte. Wenn man, überlegte Mendel, alle von mir gerauchten Kippen aufeinanderstapeln würde, er maß die Zigarette mit seinen Augen ab, das sind so um die 8 Zentimeter, eine Schachtel hat im ∅ 19, macht (Mendel hatte doch schon einiges intus, das merkte er daran, dass er die Rechnung mit unsichtbarer Fingertinte auf den Tresen schrieb) dann 1 Meter 52 Zentimeter, pro Woche mal mindestens 15, ist, Mendel konzentrierte sich, Kopfrechnen war eines der Dinge, die ihm immer schwerer fielen, unter anderem schob er das auf die fehlende Übung, Millionen nicht nachwachsender Neuronen, weil Alter und Alkohol, hei!, redest du noch mit mir, stieß ihn der Ellenbogen aus dem Takt, störe meine Kreise nicht, fauchte Mendel, Zitate funktionierten seltsamerweise noch wunderbar, was denn für Krei…, begann die nervige Fliege, woraufhin Mendel sie mit vier Euro verscheuchte, um seine Berechnungen in Ruhe weiterzuführen, denn irgendwie hatte er das Gefühl, die Zigarettenstange würde bis in den Himmel reichen wie im Märchen, und vielleicht könnte er ja daran hinaufklettern, wenigstens in Gedanken, und sich dort oben bei Renaldo entschuldigen. ~~Renaldo~~ Klaus kam mit den beiden Bestellungen zurück und zwinkerte Mendel zu, deutete Richtung Damentoilette und sagte: Ich kann dir 'ne Tablette Vi verkaufen, was glaubste, wie die sich freuen würde? Mendel schüttelte den Kopf, mal 15 sind 2280 Meter allein in einer Woche! Barkeeper Klaus rückte ein wenig näher heran, sah sich verschwörerisch um, für einen Fuchs schütt ich ihr Rohy ins nächste Glas, da kannste ihr die ganze Bibel vorlesen, und morgen weiß sie nicht, wer Adam ist, wie wär's?

Das hätte ich, dachte Mendel beeindruckt, gut in der Ehe brauchen können, statt dem Therapiequatsch schön Essen kochen, ihr das Zeug in den Wein schütten und drei Stunden lang die Meinung sagen, um ihr dann am nächsten Morgen auf die Stirn zu küssen, Wasser und Aspirin auf den Nachttisch zu stellen, danke, Schatz, du bist ja süß, danke nein, sagte Mendel, und Klaus zuckte mit den Achseln, grinste ihn an und ging, um den Kühlschrank mit Weißwein aufzufüllen. Mendel setzte sein Glas an die Lippen und stutzte kurz, sah sich den Inhalt genau an, roch daran, riecht ganz normal, lass trotzdem besser stehen, flüsterte ihm der Engel von der Linken zu, bürstete sich derweil sorgfältig, auf den rechten Barhocker setzte sich die Haidame, hi, griff ihr Glas und stieß mit ihm an, Prost, mein Süßer, Prost, Eva, antwortete Mendel und trank.

Er sah Eva prüfend an, jetzt kommt's, dachte er, die klassische Frage in einer kaputten Beziehung, nur dieses Mal ernst gemeint: Was denkst du gerade, sagte Mendel und steckte sich die Zigarette in den Mund, griff nach der Streichholzschachtel im Aschenbecher und riss eines der Hölzer an, hielt es hoch, aber nicht an die Zigarettenspitze. Eva sah ihn an, Mendel = Geldautomat, der rattert, bis die EC-Karte wieder aus dem Schlitz kommt, Adam kramte eine Münze aus seiner Tasche und legte sie auf den Tresen, Entschuldigung, aber fünfzich Zents für deine Gedanken, das, setzte er dann nach, wollte ich schon immer mal sagen. Er grinste, schön kokett den Filter in die Mitte der vier Schneidezähne geklemmt, was ihm einen überaus irritierten Blick einbrachte, also was ist jetzt mit dem Denken, Signora?

Er drehte das Streichholz mit dem Kopf nach unten und wartete, dass die Flamme heraufkletterte, in einem Monat sind das dann 9120 Meter, in einem Jahr 109 440 Meter, rechnete es in ihm weiter, also 100 Kilometer! Mendel hielt den bereits verkohlten Kopf behutsam zwischen Daumen und Zeigefinger – Herrgott, diese Hände! – und ließ das Feuer auch den Rest verbrennen, du bist wohl, scherzte die Signora, ein kleiner Zündler, aber er nahm sie nicht ernst, dafür aber ihre Hand, rollte mit dem Daumen über die Handfläche, bis die flache Hand erwartungsvoll dalag, und bettete dann sorgfältig den kleinen verkohlten Körper zwischen Lebens- und Kopflinie, er hatte, sagte Mendel ernüchtert, nahm die Zigarette aus dem Mund und deutete mit ihr auf das Brandopfer, schon seine Arme und Beine verloren, als ich ihn kennenlernte, was traurig ist und tragisch, denn – die Signora wollte etwas sagen, aber Mendel legte seinen Zeigefinger auf ihr klebriges Lipgloss –

schließlich brauchen wir unsere Beine, um zu der Person zu gehen, die wir mit unseren Armen dann umarmen wollen und festhalten und nie nie wieder loslassen, richtig?

Mendel nahm einen großen Schluck, um die olympische Fackel in seiner Brust zu löschen, was ihm bis jetzt nur dreimal in seinem Leben gelungen war (das eine Mal war in der Hochzeitsnacht gewesen), ich weiß jetzt, monologisierte Mendel, nicht, wie ich darauf komme, aber hast du schon mal einem Zweijährigen dabei zugesehen, wie die Welt um ihn herum durch seine Augen sickert, und du dir bildlich vorstellen kannst, wie sich in diesem Moment Tausende neue Neuronenbahnen in seinem kleinen Kinderhirn bilden?

Noch alles da, nicht wie bei uns, er tippte sich und ihr an die Stirn, da ist ja nur noch Ruinen, keine Auferstehung, sag gerne, wenn ich zu viel rede.

Du redest gerne zu viel, sagte der Papagei mit dem roten Schnabel und steckte sich eine der Erdnüsse aus dem Glasschälchen auf die spitze Zunge.

Mendel hätte sich jetzt gerne die Krawatte gelockert, wenn er denn eine getragen hätte, auch das hat eine Fledermaus nicht nötig, hast du dich verschluckt, sorgte sich die Krankenschwester und sah mit großen Augen auf Mendels Adamsapfel, ja ich, dachte Mendel, wette, da würdest du gerne reinbeißen, schließlich trug Eva schwarz auf dem Körper und unter den Augen, wie peinlich es wohl sein muss für den, der anfängt, sich für einen Vampir zu halten und nach langer Zeit des Gutzuredens, Bram Stoker, Knoblauchzehen an Solariumtüren, schließlich seine Minna (eigentlich heißt sie Alexandra) mit Rotwein abfüllt, das Souterrainloch bei Paps und Mama mit schwarzen Kerzen dekoriert, dann ins Badezimmer verschwindet und sich das Gesicht weiß schminkt, die Kontaktlinsen aus dem Internet in die Augen steckt, was sofort zu einer allergischen Reaktion führt, der Glaskörper ädert sich komplett rot, was saumäßig wehtut, Scheißmist! Aber die Tränen verschmieren das Kajal immerhin sehr ästhetisch, wie auf dem Marilyn-Manson-Poster an der Innenseite der Kleiderschranktür, und auf den zweiten Blick haben die blutroten Augen echt ihre Ausstrahlung, wenn doch jetzt nur die Eckzähne ein wenig spitzer wären, einmal hat er's mit einer Nagelfeile versucht, aber das ließ er sofort nach dem ersten hässlichen Schabegeräusch wieder sein, er klatscht sich Gel in die Haare und kämmt sie streng nach hinten, vor einer Woche tiefschwarz getönt, dann stellt er den Kragen seines Hemdes auf, sieht scheiße aus, vielleicht zieh ich das Teil einfach aus, aber die vielen Leberflecke und die Hühnerbrust wirken auch nicht wirklich Fürst-der-Dunkelheit-mäßig, also nein, aber besser noch eine Mundspülung, vorhin gab's Joey's Pizza (mit extra Knobi), er bleckt die Zähne im Spiegel und kräuselt die Augenbrauen, holt tief Luft und versucht, aus dem Badezimmer herauszuschweben, sich so zu bewegen, als würden die Tiere des Waldes auf seine Worte gehorchen, der blasse Mond ihm zuzwinkern, Ost- und Nordwind ihm unter die Arme greifen, zurück zu ihr, sie hat den Fernseher angemacht und sieht sich einen Dokumentarfilm über Papageienvögel an, während sie Erdnüsse in sich hineinstopft, die Lippen fettig, die Augen träge nach vorn gerichtet, die Lider halb geschlossen, sie bemerkt ihn nicht, was ihn ernüchtert, so dass der Biss in ihren Hals gar nicht mehr so ist, wie er sich das vorgestellt hat, sag mal, geht's noch, schrie die Signora empört und riss sich Mendel von ihrer Kehle.

Nach Hause, sagte Mendel, dahin geht's noch, bevor die Sonne aufgeht und uns alle verbrennt.

Paul Brodowsky

Nachtbaden

Und während das Wasser über seinem Körper, seinen Füßen wieder zusammenschoss, fragte er sich, ob sie deshalb vorgeschlagen hatte, sich heute Abend noch mal zu treffen und schwimmen zu gehen, Julia, Alex und er, die Nacht nutzen, wie sie gesagt hatte, die für Mitte September erstaunlich warme Nacht, sie waren mit den Rädern gemeinsam zum Hafen gefahren, Julia erst auf seinem, dann auf Alex' Gepäckträger, an der um diese Zeit verwaisten Promenade entlang, zu ihrer Rechten das schwache, unregelmäßige Glucksen der zahllosen, an den Pollern vertauten Segelboote, einige der Gehwegplatten bewegten sich ruckartig unter den Reifen ihrer Fahrräder, kippelten wenige Millimeter auf und ab und gaben dabei ein dumpfes, hohl klingendes Geräusch von sich, zu ihrer Linken der bewaldete Hügel, die Blätter der Bäume hingen nach dem endlosen Sommer beinahe schlaff und in dem Nachtlicht wie farblos von den Ästen. Sie kletterten um das auf dem Seesteg errichtete, um diese Zeit verschlossene Gittertor herum, Julias dunkler, weiß gepunkteter Rock flatterte in dem leichten Wind, Alex zog sich hastig aus, Till und Julia verfolgten ihre Bewegungen wie ein Schauspiel, Alex stand vor ihnen in dunkler Unterwäsche, sagte leise, kommt, oder sie sagte, komm jetzt, Alex' nackter Körper war anders, als er ihn sich vorgestellt hatte, sie streifte beiläufig die Unterwäsche ab, ohne sich noch mal nach ihnen umzudrehen, nahm sie Anlauf und sprang kopfüber in das grauschwarze Wasser, tauchte, sekundenlang konnte Till noch Alex' Körper, ihre schlanken, hellen Beine in der Ostsee ausmachen

einen Moment lang wusste er nicht, wo oben, wo unten war, alle Geräusche schlagartig gedämpft, zu hören nur noch das tiefe, von weitem herangetragene Sirren eines auslaufenden Containerschiffs, Till hatte Alex vor zwei Wochen kennengelernt, ihr Mitbewohner war ein alter Schulfreund von ihm, irgendwann hatten Till und Alex nur noch zu zweit auf dem Sofa in der WG-Küche gesessen und den Rest von dem billigen Whiskey geleert, mit großen Stücken Eis, gegen die Hitze, er hatte einen der Eisbrocken genommen und war ihr damit über den Unterarm gefahren, sie schrie auf, kieksend, schnappte ein Eisstück aus ihrem Glas und schob es unter den Kragen seines T-Shirts, sie rangelten kurz miteinander, hielten inne, ihre Gesichter nur eine Handbreit voneinander getrennt, aber der Moment ging vorbei. Später fragte sie ihn, möchtest du hier schlafen, sie legten sich nebeneinander ins Bett, Till in einem ihrer T-Shirts, der fremde Körpergeruch in dem Stoff, beide schliefen sie nicht, irgendwann legte er eine Hand auf ihren Bauch, sie drehte sich um, von ihm weg, er roch jetzt nur noch den Whiskey unter dem Menthol ihrer Zahnpasta, am Wochenende kommt meine Freundin, hatte Till, auf dem Rücken liegend, in den dunklen Raum gesagt, erzähl mir von ihr, bat ihn Alex, Minuten später war sie eingeschlafen

die Luftblasen vor ihm graue Kügelchen, an deren Unterseite sich die von dem Mond beschienene, dunkelsilberne Wasseroberfläche spiegelte, die Augen brannten von dem Aufschlag, das plötzliche Salz der Ostsee, als Julia am Nachmittag vorgeschlagen hatte, sich abends wiederzutreffen, hatte Till sofort zugestimmt, er hatte sich ihre drei nackten, schlanken Körper vorgestellt, die beiden dunkelhaarigen Frauen, die dünne Julia, deren glattrasierten Körper er kannte, Alex' muskulöse Oberarme, seine eigenen, schlaksigen Glieder. Gestern Abend hatte Till Julia vom Bahnhof abgeholt, ihre Haare schimmerten in dem längs durch die Bahnhofshalle fallenden Licht, sie sah müde aus, die Haut um ihre Augen dunkel, Till nahm ihr den Rucksack ab, sie trug eine neue Frisur, asymmetrisch, der Pony schräg geschnitten, als er ihr von der Verabredung zum Frühstück mit Alex erzählte, meinte Julia, sie hätte das kurze Wochenende mit ihm allein verbringen wollen, jetzt, wo sie seit zwei Wochen eine Fernbeziehung führten, du kennst sie doch gar nicht, sagte Till, während sie die Bahnhofshalle verließen, ich komme auf Besuch, und du lädst dir Freundinnen ein, sagte Julia spöttisch, ich habe dir doch auch am Telefon schon von ihr erzählt, sagte Till, darauf Julia, sag mal, bist du in die verliebt, oder was soll das

er konnte den Grund nicht ausmachen, in dem Dunkel unten Miesmuschelbänke, der grünschwarze Tang, den er bei Tag im flacheren Wasser gesehen hatte, Julia war nach dem Aufstehen fast ohne ein Wort duschen gegangen, als sie aus dem Bad kam, sagte sie zu Till, dass es doch eine gute Zeit sei, mal etwas anderes aufzuhängen, jetzt, wo er hier anfange, den Film fandest du doch vor drei Jahren toll, sagte sie, sie öffnete den Bademantel einen Spaltbreit, der Ansatz ihrer kleinen Brüste, sie hob wie die beiden Männer auf dem Plakat in den schwarzen, schmalgeschnittenen Anzügen den Arm, imitierte mit ihrer Hand die Pistole, verzog das Gesicht zu der überheblichen Geste und schoss auf ihn, in diesem Moment klingelte es an der Tür. Am Abend zuvor hatten sie in seinem Zimmer gesessen und Bier getrunken, sich irgendwann geküsst, aber ohne Gier, anders als noch im Frühsommer, während ihrer Radtour in Frankreich. Als Julia mit noch nassen Haaren in die Küche kam, sagte sie nichts und schaute die beiden einige Sekunden ausdruckslos an, guten Morgen, sagte Alex. Das ist Alex, sagte Till. Hallo, sagte Julia tonlos, dann wandte sie sich Till zu, hast du einen Föhn, fragte sie, drehte sich wortlos wieder um. Till schlug in der Küche Eier auf und gab sie in eine kleine Schüssel, als er Julia in seinem Zimmer lachen hörte, sie lachte das erste Mal seit ihrer Ankunft in dieser Stadt. Julia und Alex hatten den leergeräumten Schreibtisch in die Mitte des Raums gerückt, Alex verfolgte Julia mit dem Brettchen, auf dem sie Zwiebeln für das Rührei geschnitten hatte, Julia flüchtete vor ihr um den Schreibtisch herum, die beiden blieben stehen und kicherten, als Till ins Zimmer kam, Julia hatte jetzt trockene Haare, sie hatte sich geschminkt, der Lippenstift kam ihm eine Spur zu grell vor für ihre bleiche Haut, ich brauche die Zwiebeln, sagte er, die Eier sind soweit, wieder lachten sie beide, kicherten wie kleine Mädchen

sie nahm Anlauf und sprang kurz nach Alex von dem Einmeterbrett ins Wasser, einen Moment lang schien ihr ausgestreckter, nackter Körper in der Luft zu stehen, dann schoss sie durch die grauschwarze, wie ölige Oberfläche, auf dem Fahrrad war Alex vorausgefahren, Julia saß auf Tills Gepäckträger, die kriegst du, du bist doch hier der Mann, sagte sie und schlug ihn auf den Hintern, wie man ein Pferd anfeuert, als sie an einer Ampel beide anhalten mussten, sprang Julia ab und setzte sich auf Alex' Gepäckträger, die Ampel sprang auf Grün, Alex fuhr los

beide kamen sie fast zur gleichen Zeit wieder an die Oberfläche, prustend, dann tauchte Alex' etwas großer, kantiger Kopf zurück nach unten, wenig später hörte er Julias Stimme, sie schrie auf, kieksend, er legte seine Hose über das weiß gestrichene, in dem Halbmondlicht beinahe leuchtende Geländer, er stellte sich auf das Sprungbrett, die raue, gekräuselte Oberfläche des Bretts drückte sich in seine Füße, jetzt tauchten ihre Köpfe wieder auf, ihre glänzenden, wasserperlenden Gesichter kaum zwei Handbreit voneinander entfernt, er hörte, wie sie beide jetzt nach Luft rangen, unter der Oberfläche konnte er die ruckartigen, kleinen Bewegungen erahnen, mit denen sie sich im Wasser hielten, auf der Stelle schwammen, ihre Köpfe zuckten leicht, wie zwei angekettete Bojen, eine schwache Bö riffelte das kaum bewegte Meer zu kleinen Kanten auf, er trat drei Schritte zurück, nahm Anlauf, kurz vor Ende des Bretts versuchte er zu bremsen, aber musste dann doch springen, er geriet in einen flachen Winkel, riss die Arme zu weit nach oben, das Wasser kam ihm hart vor, beinahe wie eine feste Masse, als er mit Stirn und Gesicht, den geschlossenen Augen aufprallte.

Die Autoren

Jörg Albrecht

geboren 1981 in Bonn, aufgewachsen im Ruhrgebiet, lebt in Berlin, produziert Prosa, Hörspiel, Theater, zuletzt erschienen die Romane *Drei Herzen* (2006) und *Sternstaub, Goldfunk, Silberstreif* (2008, beide im Wallstein Verlag); seine intermediale Serie *Dirty Control* (u. a. das Theater-B-Movie-Double-Feature *laß mich dein Leben leben!* an den Münchner Kammerspielen 2009) beschäftigt sich mit dreckigen, noch nicht zuende entwickelten Technologien; als Teil des Theaterkollektivs copy & waste geht er Verbindungen von Macht- und Raumproduktion nach, in Berlin und anderswo;
www.fotofixautomat.de

Luise Boege

geboren 1985 in Würzburg, 2004 bis 2010 Studium am Deutschen Literaturinstitut Leipzig. Erster Preis beim Wettbewerb des Leipziger Hörspielsommers 2005, Preisträgerin beim open mike 2006. Teilnahme an diversen Lesungen, Veröffentlichungen in Anthologien und Zeitschriften.

Paul Brodowsky

geboren 1980 in Kiel, lebt in Freiburg. Studium Kreatives Schreiben und Kulturjournalismus in Hildesheim. Mitbegründer und bis 2005 Mitherausgeber der Literaturzeitschrift BELLA triste sowie Initiator des Literaturfestivals PROSANOVA; 2002 erschien sein Debütband *Milch Holz Katzen* mit Prosaminiaturen, 2007 der Erzählband *Die blinde Fotografin*. Schreibt neben Prosa auch Hörspiele und Theaterstücke, zuletzt *Lüg mir in mein Gesicht* (UA Theater Freiburg).

Daniela Dröscher

geboren 1977 in München, aufgewachsen in Rheinland-Pfalz, lebt in Berlin, schreibt Prosa, Essays und Theaterstücke. Studium der Germanistik, Philosophie und Anglistik in Trier und London; Promotion zur Poetologie Yoko Tawadas an der Universität Potsdam sowie Studiengang Szenisches Schreiben bei UniT Graz. 2008 Teilnahme am Klagenfurter Literaturkurs und Stipendiatin der Autorenwerkstatt Prosa des LCB; 2009 Auszeichnung mit dem Martha-Saalfeld-Förderpreis sowie dem Anna-Seghers-Preis. Veröffentlichungen: *Die Lichter des George Psalmanazar* (2009), im Herbst 2010 folgt der Erzählband *Gloria*, beide im Berlin Verlag.

Rabea Edel

geboren 1982, lebt und arbeitet nach dem Studium der Italianistik in Berlin und Siena (Italien) als freie Autorin in Berlin. Sie war u. a. Teilnehmerin am Literaturkurs Klagenfurt 2003, Preisträgerin des open mike 2004, Stipendiatin der Jürgen-Ponto-Stiftung 2005 und Teilnehmerin am Internationalen Symposium »young. euro. connect« der Robert-Bosch-Stiftung 2006. Ihr Debüt *Das Wasser, in dem wir schlafen* (Roman) erschien im Frühjahr 2006 im Luchterhand Literaturverlag (btb-Taschenbuch 2008) und wurde mehrfach ausgezeichnet, u. a. nach Vorschlag von Hertha Müller mit dem Kunstpreis Berlin-Brandenburg 2006 und dem Nicolas-Born-Förderpreis 2007. Im selben Jahr wurde sie als Teilnehmerin am Deutsch-Israelischen Literaturfestival vom Goethe-Institut/Heinrich-Böll-Stiftung nach Israel eingeladen. Der Roman erschien im Frühjahr 2009 in hebräischer Übersetzung bei Keren Publishing. 2009 war sie Stipendiatin der Deutschen Akademie Rom in der Casa Baldi. Ihr zweiter Roman erscheint im Frühjahr 2011 im Luchterhand Literaturverlag.

Anne-Kathrin Heier

wuchs in Schleswig-Holstein und im Kanton Glarus auf und fühlte sich zuletzt in Berlin und in Brooklyn zu Hause. Sie ist freie Autorin und Lektorin, und sie las Cormac McCarthy und Dylan Thomas zu der Zeit, als die vorliegende Erzählung entstand.

Finn-Ole Heinrich

geboren 1982, aufgewachsen in Cuxhaven, Filmstudium in Hannover, Stadtschreiber in Erfurt, lebt jetzt als freier Autor und Filmemacher in Hamburg. Bücher: *die taschen voll wasser* (Erzählungen), *Räuberhände* (Roman), *Gestern war auch schon ein Tag* (Erzählungen), Hörbuch: *Auf meine Kappe* (alles erschienen im mairisch Verlag).
2008 schrieb er das Drehbuch zum Kurzfilm *Fliegen*, der auf der Berlinale gezeigt wurde und für den Deutschen Kurzfilmpreis nominiert war.
www.finnoleheinrich.de

Susanne Heinrich

geboren 1985 in Leipzig. Seit 2002 Teilnahme an Band-, Theater- und Literaturprojekten. Einjähriges Intermezzo am Deutschen Literaturinstitut Leipzig. Diverse Literaturstipendien und -preise, u. a. Stipendium der Bundesakademie für kulturelle Bildung Wolfenbüttel 2002, Teilnahme am Wettbewerb um den Ingeborg-Bachmann-Preis 2005, Aufenthaltsstipendium am Literarischen Colloquium Berlin 2008 und der Villa Aurora L. A. 2010. Bei Dumont erschienen: *In den Farben der Nacht* (Erzäh-

lungen, 2005), *Die Andere* (Roman, 2007) und *So, jetzt sind wir alle mal glücklich* (Roman, 2009). Heinrich lebt und arbeitet als freie Schriftstellerin und Sängerin der Band *watching me fall* in Berlin.
www.susanneheinrich.com
www.myspace.com/watchingmefallmusic

Florian Kessler

wurde 1981 in Heidelberg geboren. Studium Kreatives Schreiben und Kulturjournalismus in Hildesheim. Bis 2007 Mitherausgeber der Literaturzeitschrift BELLA triste. Florian Kessler veröffentlichte Prosa in Zeitschriften und Anthologien.

Thomas Klupp

geboren 1977 in Erlangen, wuchs in der Oberpfalz auf. Er studierte Kreatives Schreiben und Kulturjornalismus an der Universität Hildesheim und ist heute am dortigen Institut für Literarisches Schreiben und Literaturwissenschaft als wissenschaftlicher Mitarbeiter tätig. Im Frühjahr 2009 erschien sein Roman *Paradiso* im Berlin Verlag (BvT 2009), der mit dem Nicolas-Born-Förderpreis und dem Rauriser Literaturpreis ausgezeichnet wurde.

Christiane Neudecker

geboren 1974, wuchs in Nürnberg auf und studierte Theaterregie an der Hochschule für Schauspielkunst Ernst Busch Berlin. Sie arbeitet heute als freie Regisseurin und Schriftstellerin in Berlin. 2005 erschien im Luchterhand Literaturverlag ihr Erzähldebüt *In der Stille ein Klang*, 2008 ihr erster Roman *Nirgendwo sonst*, für den sie den August-Graf-von-Platen-Förderpreis und den Förderpreis für Kunst und Wissenschaft der Stadt Nürnberg erhielt. 2010 folgte *Das siamesische Klavier*. Neudecker hat für ihr Schreiben zahlreiche weitere Auszeichnungen erhalten, u. a. den Wolfram-von-Eschenbach-Förderpreis, den Alfred-Gesswein-Preis und das Arbeitsstipendium des Deutschen Literaturfonds 2009.

Thomas Pletzinger

geboren 1975 in Münster, wuchs im Ruhrgebiet auf. Er lebt in Berlin, arbeitet als Autor und Übersetzer im Literaturatelier adler & söhne. 2009 war er »Writer-in-Residence« an der New York University, 2010 am Grinnell College Iowa. Sein Roman *Bestattung eines Hundes* wurde mit verschiedenen Preisen ausgezeichnet, u. a. dem Uwe-Johnson-Förderpreis 2009.
www.thomaspletzinger.de

Leif Randt

geboren 1983 in Frankfurt am Main, schreibt Prosa und Drehbuch. Er studierte in Gießen, London und Hildesheim, war Finalist beim open mike und beim Plopp!-Hörspiel-Award. Mit der Erzählung *Spätsommer 2010* wurde er »KuturSPIEGEL-Nachwuchsautor 2009«. Sein Roman *Leuchtspielhaus* erschien 2009 bei BvT. Er wohnt in Berlin und Maintal-Ost.
www.leuchtspielhaus.com

Hanno Raichle

geboren 1978, studierte Kreatives Schreiben und Kulturjournalismus. Diverse Veröffentlichungen auf Bühnen, in Anthologien, Literaturzeitschriften, Hörfunk und im Internet.
Er arbeitet als Drehbuchautor, Lektor, Autor und Stoffentwickler bei Script House und lebt derzeit in Berlin.
Der vorliegende Text ist Teil eines entstehenden Text-Organigramm-Romans, dessen Hauptfigur Luis Mendel ist.
www.hannoraichle.de

Janna Steenfatt

wurde 1982 in Hamburg geboren. Studium am Deutschen Literaturinstitut Leipzig, Gastsemester an der Universität der Künste Berlin und an der Universiteit van Amsterdam. 2005 Publikumspreis des Hattinger Förderpreises; 2007 Stipendium des Klagenfurter Literaturkurses; 2009 Aufenthaltsstipendium im Künstlerdorf Schöppingen; 2010 Aufenthaltsstipendium auf Schloss Wiepersdorf. Lebt in Leipzig.

Gerhild Steinbuch

1983 in Mödling (Österreich) geboren, studierte Szenisches Schreiben in Graz. Sie wurde für ihre dramatischen Arbeiten und ihre Prosa mit zahlreichen Preisen und Stipendien ausgezeichnet, u. a. mit dem Literaturstipendium der Stadt Graz, dem Reinhard-Priessnitz-Preis des österreichischen Bundeskanzleramts und mit dem Literaturförderungspreis der Zeitschrift *manuskripte.* Sie nahm an der Summer School des Royal Court und an den Werkstatttagen des Wiener Burgtheaters teil, gewann den Stückewettbewerb der Schaubühne am Lehniner Platz, Berlin, und war 2005 für den Ingeborg-Bachmann-Preis nominiert. In der Saison 2008/2009 war Gerhild Steinbuch Hausautorin des Schauspielhauses Wien. Für die Arbeit an ihrem ersten Roman *Berge und Täler mit Männern und Frauen* erhielt sie das Staatsstipendium 2009/2010 des österreichischen Bundesministeriums für Unterricht, Kunst und Kultur.